現代の貧困をどう解決すべきか

トマ・ピケティの守護霊を直撃する

大川隆法
RYUHO OKAWA

本霊言は、2016年6月8日、幸福の科学総合本部にて、
公開収録された（写真上・下）。

まえがき

世界的ベストセラー『21世紀の資本』を書いて有名になった、トマ・ピケティ教授の守護霊霊言である。

本書を読めば、ピケティ氏の主張が、甦《よみがえ》ったマルクスの「資本論」であることがよく分かる。

かつての「共産主義」が現代では衣《ころも》がえをして、「格差是正《かくさぜせい》」を正義とする形で復活したのである。

確かに現代でも「格差是正」は、マスコミが政府を批判したり、成功者を批判するための、有力な攻撃手段である。その結果、一時的には、社会的不平不満がおさまり、一見、平等な社会が出現するかに見える。しかしこれは、勤勉の精神をもって、社会を発展させようと努力する人たちを罪人視《ざいにんし》する思想である。社会は停滞《ていたい》し、資本主義の精神はやがて死滅する。そして砂漠《さばく》のような不毛地帯《ふもうちたい》がどこまでも広がる未来社会がやってくるのではあるまいか。

二〇一六年　七月八日

幸福《こうふく》の科学《かがく》グループ創始者兼総裁《そうししゃけんそうさい》　大川隆法《おおかわりゅうほう》

現代の貧困をどう解決すべきか　トマ・ピケティの守護霊を直撃する　目次

現代の貧困をどう解決すべきか
トマ・ピケティの守護霊《しゅごれい》を直撃《ちょくげき》する

二〇一六年六月八日　収録
東京都・幸福の科学総合本部にて

「霊言現象《れいげん》」とは、あの世の霊存在の言葉を語り下ろす現象のことをいう。これは高度な悟《さと》りを開いた者に特有のものであり、「霊媒現象《れいばい》」（トランス状態になって意識を失い、霊が一方的にしゃべる現象）とは異なる。外国人霊の霊言の場合には、霊言現象を行う者の言語中枢《ちゅうすう》から、必要な言葉を選び出し、日本語で語ることも可能である。

また、人間の魂《たましい》は原則として六人のグループからなり、あの世に残っている「魂のきょうだい」の一人が守護霊《しゅごれい》を務めている。つまり、守護霊は、実は自分自身の魂の一部である。したがって、「守護霊の霊言」とは、いわば本人の潜在《せんざい》意識にアクセスしたものであり、その内容は、その人が潜在意識で考えていること（本心）と考えてよい。

なお、「霊言」は、あくまでも霊人の意見であり、幸福の科学グループとしての見解と矛盾《むじゅん》する内容を含《ふく》む場合がある点、付記しておきたい。

現代の貧困をどう解決すべきか
トマ・ピケティの守護霊《しゅごれい》を直撃《ちょくげき》する

二〇一六年六月八日　収録
東京都・幸福の科学総合本部にて

トマ・ピケティ（一九七一〜）

フランスの経済学者。ＥＨＥＳＳ（社会科学高等研究院）およびＬＳＥ（ロンドン・スクール・オブ・エコノミクス）で博士《はくし》号を取得。米マサチューセッツ工科大学で教鞭《きょうべん》を執《と》った後《のち》、二〇〇〇年からＥＨＥＳＳ教授、二〇〇七年からパリ経済学校教授を務める。世界の税務データ分析《ぶんせき》に基《もと》づき、富裕《ふゆう》層への課税による格差是正《ぜせい》等を主張。二〇一三年に出した『21世紀の資本』の英訳版がアメリカで出版されると、ノーベル賞受賞経済学者や元財務長官らに絶賛され、世界的ベストセラーとなった。

質問者　※質問順

綾織次郎《あやおりじろう》（幸福の科学常務理事 兼《けん》「ザ・リバティ」編集長 兼 ＨＳＵ講師）

立木秀学《ついきしゅうがく》（幸福の科学理事 兼 ＨＳ政経塾《せいけいじゅく》塾長 兼 ＨＳＵ講師）

里村英一《さとむらえいいち》（幸福の科学専務理事〔広報・マーケティング企画《きかく》担当〕兼 ＨＳＵ講師）

［役職は収録時点のもの］

1　世界中で注目されているピケティの守護霊《しゅごれい》に訊《き》く

日本では一年前から流行し始めた「ピケティ理論」

大川隆法　おはようございます。今日のテーマについては、月刊「ザ・リバティ」（幸福の科学出版刊）二〇一五年四月号に、ピケティブームに関する鋭《するど》い論考（特集・ピケティブームがあなたの給料を減らす――本当の「資本主義精神」とは何か？）が掲載《けいさい》されていますので、それを読んでくださればよいのですが、もう、在庫がないかもしれません（笑）。

綾織　いえ、「ザ・リバティweb」には過去の記事

ピケティブームには経済発展を阻害する面があることを指摘した、月刊「ザ・リバティ」2015年4月号（幸福の科学出版刊）。

が掲載されています（注。幸福の科学の書店売り月刊誌「ザ・リバティ」（前掲）のウェブ版。購読《こうどく》会員は過去十年分以上の記事が閲覧《えつらん》可能、無料記事も多数）。

大川隆法　そうなのですね。内容についてはそちらにも書いてあるので、調べられるとのことです。

ピケティという名前については聞いたことがある人も多いと思いますが、（同氏の著書『21世紀の資本』（トマ・ピケティ著、みすず書房《しょぼう》）を手に取って）著書はこんなに厚いので（『21世紀の資本』は七二八ページ）、付き合い切れないでしょう。このようなものを読んでいる暇《ひま》があったら、当会の本が五冊ぐらいは読めそうな感じがします。

多少は簡略《かんりゃく》に訳されたもの（『トマ・ピケティの新・資本論』（トマ・ピケティ著、日経BP社刊））でも、かなりの厚さがあります。さらに、日本人向けに簡

『21世紀の資本』（トマ・ピケティ著）のフランス語版原著『Le capital au XXIe siècle』（Éditions du Seuil 刊）

単な解説もの（『日本人のためのピケティ入門』〔池田信夫《いけだのぶお》著、東洋経済新報社刊〕）も出るなどして、日本では去年（二〇一五年）ごろから流行《はや》っています。今年は一時期よりも少し下火《したび》になっていたものの、最近ではまた、経済的な面でいろいろと運営のうまくいかないところが噴出《ふんしゅつ》してきており、そのバックにはこのピケティ理論のようなものがあるのではないかと考えています。

（質問者に）今日は私よりも詳《くわ》しい方がいますし、あまり私が話すのも何でしょうから、質問で突《つ》っ込《こ》んでくだされば結構かと思います。

『21世紀の資本』によって世界中で有名になったピケティ教授

大川隆法　ピケティ教授は、一九七一年にフランスのパリ郊外《こうがい》に生まれた方で、今、四十五歳《さい》ですから、（質問者たちに）あなたがたよりは若いですよね？

立木　私と同《おな》い年です。

大川隆法　あなたと同い年あたりですか。

十六歳で公立高校を卒業後は、フランスでいちばん難しいパリの高等師範《しはん》学校に入学。その後、社会科学高等研究院とロンドン・スクール・オブ・エコノミクスで学び、二十二歳で博士号を取得ということで、早熟《そうじゅく》の天才ぶりを示している方かと思います。

いろいろと活躍《かつやく》はなされたのですが、いちばん有名なのが、『21世紀の資本』というタイトル名で訳されている、現代の『資本論』に当たる書籍《しょせき》が二〇一三年に出されて、これが英訳されたあと、爆発《ばくはつ》的に世界中に売れたことでしょう。また、最近のことはよく知らないのですが、私が見たかぎりでは五十万部ぐらい売れたところまでは覚えています（日本では十数万部）。いずれにせよ、底流《ていりゅう》にはそういろいろなところに影響《えいきょう》が出ているのではないでしょうか。

ダッチロールする「アベノミクス」で冷え込《こ》む国内景気

大川隆法　最近では、政治資金の私的流用疑惑《ぎわく》等で、いろいろと追及《ついきゅう》される国会議員その他の政治家が出るなどして、ややそういうムードもあります。また、「パナマ文書」なるものが出てきて、〝賢《かしこ》い〟金儲《かねもう》けをした政治家や大富豪《だいふごう》等は、タックス・ヘイブン（租税回避地《そぜいかいひ》）でペーパーカンパニーを使い、うまいこと節税に励《はげ》み、お金を貯《た》めていることが分かりました。日本はかなり少ないほうですけれども、なんと、中国などでは、上のほうはしっかりと「税金逃《のが》れ」をして預けているとのことで、ある意味で、ピケティが言っているようなことが当たったかにも見えます。

「パナマ文書」によって、課税逃れの疑惑が浮上したキャメロン英首相に抗議し、退陣を求める市民のデモ。（2016年4月9日撮影、ロンドン）

安倍《あべ》首相の「アベノミクス」等も、ピケティ理論から見ればあまり成功しそうにないやり方だったのですが、現時点では、確かに、ややダッチロールぎみではあります。

実際に、「アベノミクス」は三年半ほど行われていますが、その結果はどうでしょうか。

企業《きぎょう》の内部留保《りゅうほ》といわれるもの、要するに、会社が法人として儲けた利益の部分を現金で持とうが、銀行預金で持とうが、株で持とうが、国債《こくさい》で持とうが、何であろうとも構わないのですけれども、この部分がおそらく三百数十兆円はあり、少しは増えたようですが、労働者の平均賃金はずっと横這《よこば》いのままで増えていません。

つまり、安倍政権が「賃金を上げろ」とか、「正規雇用《こよう》と非正規雇用の差をなくして、非正規も正規並みに賃金を上げろ」とか言って、さらに春闘《しゅんとう》にまで口を出し、「ベースを何パーセント上げろ」などと、いろいろと言ってはいるものの、実際には、企業の内部利益が出ているにもかかわらず、賃金の支払いは増えていないということです。

これは、数字だけで見ると、そのとおりではありますが、経営の論理として、企業が利益をあげていても、それをばら撒《ま》かないのは、当然、「将来への不安がある」からです。内部留保を持っていなければ、赤字が出始めたとき、あっという間に人員整理・削減《さくげん》に入らなければならなくなったり、倒産《とうさん》になったりすることもあります。

経営者はそのようなことを考え、何年ぐらい持ち堪《こた》えられるかを計算しているわけですが、今、内部留保を減らして従業員に撒いたりしないのは「先行きは厳しい」と見ているからであることは、ほぼ間違《まちが》いありません。

先行き「成長する」、あるいは「業績がよくなる」と見ているのであれば、機嫌《きげん》よく賃金の上昇《じょうしょう》やボーナスの増加をしても構わないわけですが、そのようにしないのは、「そうはならないと見ている」ということだと思うのです。これは、「アベノミクスもバブル景気のようなもので、またガシャッとくるかもしれない」と用心しているのでしょう。

また、個人のレベルでも消費が増えないでいます。国から「お金を使え、使え」「持っている有り金《あがね》を全部使って景気をよくしろ」などと言われると、多くの人にとっては、「自分も社会貢献《こうけん》として景気をよくしたい」という気持ちがないわけではなくても、「実際に自分の財布のなかからお金を使っても、なくなった分を補塡《ほてん》してくれるわけではないから、やっぱり怖《こわ》いなあ」という思いがあるのではないでしょうか。

私の肌《はだ》感覚としても、やはりそういう感じがあり、正直に言って、東日本大震災《だいしんさい》が起きた直後よりもきつい感じがします。東日本大震災のあとは、「消費が冷え込《こ》んで景気が悪くなるだろうから、自分の有り金をはたいてでも、ものを買ってあげなければいけないな」と思い、ささやかな個人消費ではありながらも、多めにお金を使った記憶《きおく》があります。当時は、「そうでもしないと、みんなが自粛《じしゅく》し始めたら、景気がさらに悪くなる」と考え、まだ貢献する気があったのです。

しかし、今は何となく、消費をすると悪であるかのような雰囲気《ふんいき》が出てきつつあるので、やはり、お金を持って〝穴蔵《あなぐら》〟でジーッとしていなければいけないような感じを受けます。

ピケティ理論によって「共産主義の妖怪《ようかい》」が甦《よみがえ》ろうとしている？

大川隆法　さあ、そのようなときに、若き天才のような経済学者、「数量経済学」にやや近いかと思いますけれども、こういう方が理論を単純化して言う場合、ともすれば、頭のよさのゆえに、みな信じてしまいがちですが、歴史的には〝どっ外《ぱず》れ〟になることもよくあります。いろいろと体験した人の言うことのほうが合っていて、理論で考える人のほうが間違えることも多いので、このあたりはよく気をつけなければいけないところでしょう。

ただ、アメリカのザ・グレート・ディプレッション（世界大恐慌《だいきょうこう》）と言えば、一九二九年の大恐慌のことかと思いきや、今では二〇〇八年のリーマン・ショックのことを言うのですが、あれ以降、「貧困者と富を貯めた者との格差が開いているのではないか」と、だいぶ言われています。昔、「ヨーロッパをうろついている」と言われた「共産主義という妖怪《ようかい》」のようなものが、「マルクスの著書はしっかりと読んでいない」と称《しょう》するピケティ教授の理論によって、もう一回、〝甦《よみがえ》っている〟ように見えなくもないのです。

これは正しいのかもしれませんし、正しくないのかもしれません。宗教の立場から述べるとするならば、二千年以上前の宗教の理論には資本主義的な考えがなく、一般《いっぱん》民衆が貧しかったこともあって、どちらかといえば「平等論」が出てくる傾向《けいこう》は強いのです。そのため、宗教的に言うと平等論が出てきやすく、現代に生き残っている宗教の多くも平等に根ざした左翼《さよく》理論のほうに走っていきがちであるのです。

それは、それらの宗教の教義のなかに、そうしたことが何も書かれていないからです。

仏教やキリスト教に「資本主義の理論」はあったか

大川隆法　唯一《ゆいいつ》の例外は、紀元前後から数世紀ごろを中心とする大乗《だいじょう》仏教の時代でしょうか。

仏陀《ぶっだ》在世の時代や原始仏教の時代には、個別に托鉢《たくはつ》をして回ってお布施《ふせ》を受けていたのが、大乗仏教の時代になり、ナーランダ学院のように大学並みの施設《しせつ》がつくられ、一万人もの学僧《がくそう》を養うようになると、そういうわけにもいかなくなりました。一万人に托鉢をされたら、〝イナゴの大群〟が通っていくようなもので、ちょっとたまらないものがあります。それでは町が滅《ほろ》びてしまいかねな

ナーランダ学院は５世紀ころに創設された仏教最大の学院。９階建ての校舎では、仏教教学に加え、医学、天文学、数学なども研究されており、総合大学のような役割を担っていた。蔵書は900万冊に及んだとも言われている。（写真右：ナーランダ学院の遺跡、左：僧院跡）

いので、「別の方法」を編み出しました。それは、お布施してもらった種籾《たねもみ》を翌年に貸し出したりすることで利子を生み出すような方法ですが、そのように、大乗仏教には一種の「資本主義の理論」が入っているようです。

したがって、仏教ではそういうことが行われていたと思われますが、もともとのキリスト教には入っていません。

キリスト教では、「富者が神の国に入るのは、ラクダが針の穴を通るよりも難しい」というようなことが言われています。この言葉はよく使われています。

これをイエスに言われ、がっかりして去っていった人がいます。ある若者が、やるべき修行《しゅぎょう》は全部やったので、「ほかに何をしたらいいのですか」とイエスに訊《き》いたところ、「持っているものを売りさばいて、貧しい者に施《ほどこ》せ」と言われ、その若者は財産が多いのでがっかりして帰ったという話です。

ただ、これは誤訳だという説も強く、「ラクダが針の穴を通る」という比喩《ひゆ》は非常に印象的ではあるものの、私もさすがに、「そんな比喩は使えるのだろうか」と感じるものがあり、実際上、バカバカしい比喩にも思えます。一説には、アラム語の「ラクダ」と「ロープ」は発音が同じであるらしく、そちらが実際にありそうな例だったのではないかということは、聞いたことがあります。

プロテスタンティズムに資本主義の源流を求めたウェーバー

大川隆法　そういうものがキリスト教には流れていますが、これを破ったのは近代においてでしょう。マックス・ウェーバーが『プロテスタンティズムの倫理《りんり》と資本主義の精神』のなかでも解説しているように、「勤労をして成功することを、神の栄光を地上に降ろすこととして捉《とら》える」という考えが出てきました。

そのなかには、「各人が救われるかどうかは分からないけれども、予定はされているのだ」という「予定説」について書かれています。

もともと各人に救いの予定はされているのだけれども、自分ではどうなるかは分からない。それを知るためにも、この世で勤勉に働いて富を積み、教会に寄付がで

●マックス・ウェーバー（1864～1920）　ドイツの社会学者・経済学者。近代における社会科学の方法論を確立し、宗教と社会との関係を論じた。主著に『プロテスタンティズムの倫理と資本主義の精神』等がある。

き、自分自身も賑《にぎ》わうほどの繁栄《はんえい》を体現するなかで、自分が救いの予定のなかに入っているかどうかの確証を実体験できる。そのような考えでしょう。

「そういうものが流行《はや》ってきて、プロテスタントの国では『資本主義の精神』が発展した」というようなことを、マックス・ウェーバーは述べています。

ただ、これについては、私にも異論があって、日本にも「資本主義の精神」はあり、儒教《じゅきょう》精神等からの発展もあることを述べています。さらに、そのほかの考えから出ているものもあるので、「プロテスタンティズムからのみ出ているというのは、少々言いすぎではないのか」といった批判をしているわけです（『幸福学概論《がいろん》』〔幸福の科学出版刊〕参照）。

ウェーバー社会学が現代に甦る。『マックス・ウェーバー「職業としての学問」「職業としての政治」を語る』（幸福の科学出版刊）

いま、日本と世界に必要な「幸福学」のエッセンス。『幸福学概論』（幸福の科学出版刊）

民主主義国家の常《つね》として行われている〝合法的買収〟

大川隆法　しかし、大きな潮流《ちょうりゅう》として、今、政治的には、「格差是正《ぜせい》」ということが、選挙等において〝正義〟になりやすいのです。

それはピケティだけではなく、少し前に亡《な》くなったロールズ●という政治哲学者《てつがくしゃ》などもそうです。この人には『正義論』という著書もありますが、やはり、格差是正を正義の根底《こんてい》と見ているところがあります。私も「正義論」を説いているのに、そのようなことはあまり言わないので、このあたりは多少違うような感じにも見えます。

この〝正義論〟を実践《じっせん》すると、どうなるでしょうか。

政治的には、いわゆる「バラマキ」に近いもので、よく言えば、社会福祉《ふくし》のところを強くするということですが、悪く言えば、選挙対策としてお金をばら撒くかたちが先行してきます。「目に見えるかたちでばら撒けば票になる」というような〝合法的買収〟が選挙のたびに行われるのは、民主主義国家の常でしょう。

●ロールズ（1921～2002）　アメリカの政治哲学者。社会的・経済的な面での機会不平等や格差の解消を提唱した。主著に『正義論』等がある。

なお、昨日（二〇一六年六月七日）の新聞には、「安倍政権が、所得が三百万円未満の世帯に、結婚《けっこん》したら十八万円を支援《しえん》する」というような記事が載っていました。「十八万円くれるからといって結婚するだろうか」とは思うのですが（笑）、いちおう、〝くれっぷり〟のいいところを見せているのでしょう。

これはバラマキであって、完全に選挙対策なのですが、「人口を増やしたいから、結婚したら十八万円を出すぞ」というわけです。

ただ、〝見え見え〟すぎて、私などはやや抵抗《ていこう》があります。「十八万円で結婚するだろうか」とか、「何回も結婚したら儲かるのだろうか。あるいは、毎年結婚すれば儲かるのだろうか」などと考えてしまうところがあります。

ともかく、そういう露骨《ろこつ》な〝買収〟が行われているようなのですが、こうした所得の分配論についても、本当の正義かどうか、もうひとつ分かりにくい面もあるでしょう。

なお、ピケティ教授も最終的には、「資本を生んで利子をつくって富豪になったやつらから、八十パーセントぐらいの税金を取ったらよい」というような考えだと思います。さらに、「日本は相続税が、まだまだ甘《あま》い。相続税のところでもっとバシッと取ってやれば、貧富の差が縮まって、財政的にもよくなる」というような考えも持っているかもしれません。

このあたりについて、実際にはどうなのか、考えてみたいところです。

「働きアリのたとえ話」から考えること

大川隆法　さて、こうしたときによく使われる例として、働きアリに関する次のような話があります。

アリを観察していると、みなでせっせと働いているように見えるのですが、昆虫《こんちゅう》学者がよく見た場合、実際に砂糖粒《つぶ》を運んだり、虫の死骸《しがい》を運んだりして勤勉に働いているのは二割程度で、あとの八割ぐらいは働いているふりをしながら、途中《とちゅう》でよそ見をしたり、〝無駄話《むだばなし》〟をしたりして遊んでいるというのです。つまり、「二割ぐらいが働いて、八割は遊んでいる」ということでしょう。

そこで、「働き者の二割のアリばかりを集めれば、もっともっと成果があがるだろう」と考え、そのようにしてみても、またそのなかで、「二割がよく働いて、八割が怠《なま》け始める」という現象が起きると言われているのです。

もちろん、この話のどこまでが本当で、どこまでが単なる比喩なのかは分かりません。ただ、感じとしてはよく分かります。

これはお金儲けではなくて、勉強であっても同様でしょう。

例えば、東大には、都会の超《ちょう》進学校や、県立高校のトップクラスの人たちばかりが三千人ぐらい集まってくるわけです。ところが、そのうちの二割ぐらいは勉強もよくできて、そのままスイスイとエリートコースに乗っていくのですが、残りの八割ぐらいはアップアップしているか、劣等感《れっとうかん》を感じているか、サボっているか、だいたいそのようになっていく傾向があります。

また、そういう、入学まではエリートであったのに、入ってからあとエリートとしての恩恵《おんけい》に浴さない人たちも、実は、第一志望の大学に落ちて、一つ二つレベルを下げたところへ行くと、上の二割に入れて気分よく生きられるわけです。こうしたことは、中学受験や、高校受験の場面でも似たようなことが言われています。

ともかく、「競争」のあるところに「格差」は出てくるわけです。

これは、お金儲けの場合も同じでしょう。

例えば、パチンコで、ぼろ儲けする人もいるとは思いますが、玉が入る台と入らない台というのは最初から決まっています。要するに、〝技術者〟が裏で調整していて、「今日は何台出すか」ということも決まっていますし、出すぎたら裏に入って調整し始めるのです。また、客の勝ち率や、店の利益率も決めているでしょう。したがって、一部の人は儲かって、あとの人は損をするようになっているわけです。

あるいは、宝くじの場合も、同じ構造になっていると思います。

経済学における「神の正義」について考えたい

大川隆法　こうした〝勝者と敗者が出てくる率〟の部分について、どのように見ていくと、経済学を中心とした「未来社会のユートピア」につながるのでしょうか。それには、なかなか難しいところがあるように思います。

とにかく、「当会と反対の意見を持つ人」のなかには、ピケティ理論のようなものに飛びつくタイプが多いでしょう。また、今、そんなムードにもなってきているように感じますので、このへんを少し訊いてみたいと思います。

さらに当会は、政党（幸福実現党）も持っているわけですが、「政策的に足りない部分があるのかどうか」、あるいは「宗教的にも考えの足りないところがあるのかどうか」ということもあるかもしれません。やはり、ほかの宗教とはだいぶ違う面がありますので、このへんについて調べてみましょう。

なお、今、多くの宗教はだんだん収入が減り、信者も減るという流れのなかに入ってきています。そのなかで、当会を含《ふく》めて、一部、気を吐《は》いているところもあるわけです。ただ、その意味では、「そうは言っても、よその宗教に比べたら、勤勉にやっていますよ」と言いたい感じもあります。「そちらはそんなに、新しい本を出したり、考え方を出したり、あるいは勉強したり、しっかりと運動をしたりはさっていないのではないですか」と思う面も多少あることはあるのです。

このあたりも背景に感じながら、「神の正義」がどのへんにあるのかについて考えてみたいと思います。

ピケティ理論に感じる率直《そっちょく》な疑問

大川隆法　なお、ピケティ教授（守護霊）が出てくるかどうか、心配ではあるのですが、こちら（幸福の科学総合本部）に来る前に少しだけ接触《せっしょく》がありました。実は、「霊障《れいしょう》だろうか。何か生霊《いきりょう》でも来たのだろうか」と思って訊いてみたら、「いや、トマ・ピケティの守護霊だ」ということを〝のたまって〟いたのです。か弱い感じの声ではありましたが、弱い感じの日本語でそう言っていたので、多少は話ができるのではないでしょうか。

ただ、最悪の場合、(以前収録を行った)アフリカの神様のように、何を言っているのか分からないものになる可能性もあります(注。二〇一二年六月十三日、「ウガンダ霊界事情――ウガンダの神とは誰《だれ》か――」を収録した際に現れたアフリカのウガンダの神「ンダガヤ」のことを指す)。

里村 (笑)

大川隆法 そのへんのリスクも覚悟《かくご》の上で、どうなるかは分からないものの、やってみましょう。特に、朝日・岩波系の文化人たちは、守護霊自身が、守護霊であることを認識していない傾向もあったので、流れはそちらに近いかもしれません。ピケティ教授にどの程度、霊的な認識があるかは分からないのですが、もし話ができるようであれば聞いてみたいと思います。

なお、ピケティ理論で流行っているところに触れておくと、「r>g」と表しますが、「資本収益率は、国民の所得の成長率よりも常に大きい」というところでしょう。これについて、「ザ・リバティ」（二〇一五年四月号）に説明が載っています。

それによると、「例えば、資本家が一億円を運用に回し、四パーセントの利益が出れば、一年で四百万円の収益になる。しかし、資本家の運用益が四パーセントあるにもかかわらず、サラリーマンは収入が低い上に、その増加はせいぜい毎年一・五パーセント前後しかない。つまり、資本を持っている者は、ますます金持ちになっていき、そうでない一般の勤労者との間の格差はどんどん開く一方だ」ということです。

ピケティの理論とは、こういう理論であって、そのため、「資本を蓄積《ちくせき》している人から強制的に取り上げて、ばら撒く必要がある」ということになるのでしょう。

例えば、前述した「パナマ文書」で言うと、「今、国際的に資本を逃がしているやつがいるので、このへんを国際グローバリズム的な網《あみ》の目で捕《と》らえ、逃がさないようにして、ばら撒く必要がある」という考えなのだと思います。

ただ、実感的には、アフリカ等の場合、貧しい国がたくさんあるわけで、例えば、これとアメリカの資本家を比べるのには、少しかわいそうな面があるでしょう。「一緒《いっしょ》になれ」といっても、無理があるだろうと思います。

現実に、マイクロソフト社のビル・ゲイツ氏は財団（ビル&メリンダ・ゲイツ財団）をつくり、病気や貧困をなくすために、年間約四千億円も使うという、本当に立派なことをしているわけです。そのビル・ゲイツ氏に対して、「アフリカの貧しい人と同じ生活をしろ」と言うのは、やはり神様の目から見ても殺生《せっしょう》なことではないでしょうか。彼は企業をつくるに当たって、それだけの努力はなさったはずです。その意味で、どのあたりが「公平」なのかには、やや難しいところはあるという気はしています。

ただ、論客《ろんきゃく》（質問者）がおりますので、とりあえず訊いていただきましょう。

ピケティ理論の問題点と盲点《もうてん》とは

大川隆法　なお、ピケティ教授の本については、一年前に読んだので、それほど細《こま》かいところまでは覚えていません。

ただ、問題点の一つに、ピケティ教授が依拠《いきょ》している「統計資料」があります。これは、二百年から三百年ぐらいにわたる各国の税務統計です。要は、そういう税務署の資料からGDP等を推測しているのですが、二百年前、三百年前の税務署の資料が、それほど正確に残っているはずもないでしょう。おそらく、穴だらけだと思われるので、自分の結論に持っていくために都合《つごう》よく使っている可能性はあります。また、これをもう一度検証するほど暇《ひま》な人もいないでしょうから、このあたりが、やや気になるところです。

もう一つ気になるのは、「賃金」のところでしょう。この十数年、賃金は下がっているか、あるいは伸《の》びていないと思うのですが、そのことに対する〝敵〟は、富《ふ》裕《ゆう》階級だけではないと思われる面があるわけです。

要するに、以前は、「技術革新によって生産性が伸び、富が蓄積されて拡大される」という路線でした。ところが今は、技術革新によるコンピュータ等、さまざまな機械類、電子機器類等の発展によって、人間が要《い》らなくなりつつあるのです。つまり、コンピュータとロボット等の発展によって人間が要らなくなり、言い換《か》えれば、人間が余っています。そうなると、基本的に賃金が下がるわけです。

したがって、残念ながら「ピケティ教授の考え」とは違い、科学技術のイノベーションによって、実際には「人間の労働価値が下がっていっている」と思われます。ただ、これは盲点《もうてん》であって、ピケティ教授自身はまだそれを認識していないのではないでしょうか。

例えば、昨日、「ムヒ」という薬の工場を視察した人が書いたものを読みました。ムヒとは、ご存じの方も多いでしょうが、虫刺《むしさ》され等の痒《かゆ》み止めの薬で、チューブに入っているものです。私も夜中に蚊《か》に刺されたりして痒くなったときに、たまに使うことがあります（笑）。

さて、そうした工場でチューブに薬を注入する際に、人間の感覚としては、上のキャップの側の口から入れると思いがちですが、実はそうではありません。上の口は閉まったままで、底の部分というか、後ろの部分が開いていて、そこからロボットが薬を注入していました。そして、ロボットはその底の部分をクルクルッと巻いて封《ふう》をして、どんどん生産していたのです。要するに、ムヒをつくっている工場には、人が一人もいませんでした。

こうなると、「労働者の賃金が低いかどうか」ではなくて、そもそも賃金は出ていないことになります。つまり、労働者の賃金に代わって、ロボットの製作会社にお金が払われているわけです。あとは、電気代ぐらいでしょうか。

そういう意味で、もう一つ別の〝敵〟があるのかもしれません。「高い教育」と「技術開発」の結果、一部儲かっているところはあるものの、実は世界的に、一般労働者が儲かる余地のない方向へと進んでいる可能性もあるわけです。

私は、「まだ、ピケティ教授は、このあたりの考えまで到達《とうたつ》していないのではないか」と推察していますが、日本にとっても、ここは怪《あや》しいところの一つではないでしょうか。トヨタにしても、なかなか賃金が上がらないわけですが、工場を見ればロボットだらけです。やはり、賃金が上がらないのには、それなりの理由があるわけで、もう一段、高度な仕事でなければならないようになっています。

トマ・ピケティ守護霊を招霊《しょうれい》する

大川隆法　以上、背景知識を補足するだけでなく、このあとの守護霊霊言《れいげん》がまったくの〝どっ外れ〟だったときのことも予想して、「本を買って損をした」と言わせないために経済的な説明を申し上げました。

あとはお任せしますので、よろしくお願いします。

それでは、フランスの経済学者にして、世界的に有名なトマ・ピケティ教授の守護霊を、幸福の科学総合本部にお呼びしまして、『21世紀の資本』に関して、または、経済的な考え方について、あるべき姿や、われわれに言いたいこと、日本人に言いたいこと、世界的に言いたいこと等がありましたら、あるいは、それ以外のご見識もありましたら、それをご披露《ひろう》くだされればありがたいと考えております。

トマ・ピケティ教授の守護霊よ。

トマ・ピケティ教授の守護霊よ。

どうぞ幸福の科学総合本部に降りたまいて、その心の内を明かしたまえ。

トマ・ピケティ教授の守護霊よ。

トマ・ピケティ教授の守護霊よ。

（約十秒間の沈黙《ちんもく》）

2 「私は資本主義の嘘《うそ》を暴《あば》いた」

『21世紀の資本』がベストセラーになったことに対する感想

里村　こんにちは。トマ・ピケティ教授の守護霊様でいらっしゃいますか。

ピケティ守護霊　ああ、ああ。

里村　ご認識はあられますか。

ピケティ守護霊　ああ……、ああ？　まあ、うん。うん？

里村　トマ・ピケティ教授の守護霊様でしょうか？

ピケティ守護霊　まあ、うん、そう、か、な？　そうかな。

里村　日本語の変換《へんかん》が、なかなか難しいかと思いますけれども……。

ピケティ守護霊　うーん。うん……。オッケー、オッケーよ。

里村　はい。

ピケティ守護霊　オッケー、オッケーよ。だいたい分かる（注。このあと、外国語なまりの日本語が続く）。

里村　ありがとうございます。

今、日本では、選挙が近づいていて、「貧困」「格差是正《ぜせい》」などのテーマが多くなっております。

今日はぜひ、ピケティ教授の守護霊様から、貧困の解決、あるいは社会福祉《ふくし》等についての、これからのヒントを頂きたいと思います。

ピケティ守護霊　ちょっと分かりにくいな。もうちょっと、ちょっとだけ分かりやすく……。

里村　これからの、よりよい社会のヒントを、ピケティ教授の守護霊様から頂きたいと思います。

ピケティ守護霊　よりよい社会のヒント？　私の本、読んだらいい。

里村　ええ。特に、『21世紀の資本』が日本でも発刊されて大ベストセラーになり、昨年から、日本でもピケティ教授のお名前が非常に有名になっています。

世界的にも、ピケティ教授の理論が注目されたわけですけれども、今現在、そのあたりについては、どのような感想をお持ちでしょうか。

ピケティ守護霊　うん？　うん。いいんじゃない？

里村　いい？

ピケティ守護霊　うん、いい。いい。いい。

2015年に来日した際、東京・内幸町《うちさいわいちょう》の日本記者クラブで記者会見をするトマ・ピケティ教授（2015年1月31日撮影）。「消費税を上げるよりは、高所得層に高い税率をかけ、若者に有利な税制をつくるべきだ」という趣旨の持論を展開した。

里村　はい。もちろん、ピケティ教授の研究はたくさんありますから、この本だけではないのですけれども、「今まで研究してきた成果が、こうやって世の中に発表されて、ハッピーだ」という感じでしょうか。

ピケティ守護霊　うん、うん、うん。ハッピーね。うん。ハッピー、ハッピー、ハッピー、ハッピー。うん、オッケー。うん、分かる。分かる。

里村　それは、ご自身のお名前が……。

ピケティ守護霊　儲《もう》かった、儲かった。

里村　儲かった？

ピケティ守護霊　儲かった。うれしい。資本、資本、資本を蓄積《ちくせき》した。よかった、よかった。

里村　そうですか。資本の蓄積で……。

ピケティ守護霊　私が蓄積するのはよい。君たちはよくないが、私はよい。

里村　ほお。

ピケティ守護霊が語る「研究の動機と目的」

綾織　そのお金は、貧しい人のために使わないのですか。

ピケティ守護霊　いやあ、研究のために使える。

綾織　なるほど。それはいいことだと思います。

ピケティ守護霊　うん、よい。

里村　しかし、その研究は何のためですか。

ピケティ守護霊　ええ？　研究？

里村　はい。

ピケティ守護霊　研究は、うーん、フランスのため、日本のため、アメリカのため、世界のため、貧しい人のため。研究、大事ね。

（質問者に）勉強しなさい。

里村　そうすると、ピケティ教授の心には、「貧困を解決したい。そして、世界のためになりたい」という思いが……。

ピケティ守護霊　うーん、ちょっとだけ違《ちが》うかも。

里村　ちょっと違う？

ピケティ守護霊　やっぱり、学者だから、真理ね。真理探究ね。大事ね。真理探究、結果、貧困解決。

里村　それはまことに立派ですけれども、その結果として、ピケティ教授のところに資本が集まってくると？

ピケティ守護霊　うん？　いや……。

里村　資本の蓄積がなされて……。

ピケティ守護霊　いや、いや、印税ね（笑）。印税、印税、印税。税金。私に税金、払《はら》うべきね。

里村　なるほど。

「とにかく、私の本を買ってくれる人たちは、いい人たち」

里村　ピケティ教授は、日本にも来られました。日本の貧困問題、あるいは、日本社会をご覧になって、守護霊様はどういう印象をお持ちですか。

ピケティ守護霊　うーん……。（日本について）あんまり勉強してないんだけども、うーん。あんまり勉強してないけど……、アメリカに負けたね。

里村　はい。

ピケティ守護霊　財閥《ざいばつ》、解体されたね。いいことね。昔よりフラット（平等）になったね。それは、いいことだと思う。いいことで、日本人……、とにかく、私の本を買ってくれる人は、いい人たちね。

里村　（苦笑）

ピケティ守護霊　ああ。人気あるから、日本でも。日本人、好感《こうかん》、感じるよ。

里村　ほお、ほお。

綾織　大企業《だいきぎょう》がなくなっていくのが、いいのですか。

ピケティ守護霊　大企業がなくなっていくのがいいか……。大新聞がなくなって、「ザ・リバティ」が売れるのがいいか。うーん。

綾織　その比較《ひかく》は、ちょっと……（苦笑）。

ピケティ守護霊　違う？

綾織　ちょっと違うと思いますね。

ピケティ守護霊　ああ、そっか。「大企業がなくなっていくのがいいか」？　うーん。そこまで言ってないんだけどね。そこまでは言ってないんだけど、結局、「資本主義の嘘《うそ》を暴《あば》いた」っていうことかな。

綾織　嘘を暴く？

ピケティ守護霊　日本で言えば、安倍《あべ》（晋三《しんぞう》）さんが、大企業寄りの政策を採って、いわゆる、トリクルダウン経済効果を狙《ねら》って、「大企業家が儲かったら、それがだんだん下に下りていって、みんなにもお金が入ってくる」みたいなのを、アベノミクスで、たぶん考えたんだと思うが。実際は、そうならないのは、ピケティ理論が正しいから。

アハハハハハハ（笑）。彼、きっと読んでない。たぶん、大して読んでない。

3 「経済学には『努力』という言葉はない」

「仕事における付加価値」について、どう考えているのか

立木　ピケティ教授の議論ですと、経済成長はいちおう重視されていて、「経済成長は大事だ」というように言われているかと思うのですが、ピケティ教授の守護霊様は、経済成長は、どのようにしたら成し遂《と》げられるとお考えでしょうか。

ピケティ守護霊　いやあ、でも、十九世紀から二十世紀、二十一世紀、ものすごい、（右手を左から右へ水平に動かしながら）今までこうだったのから、（右手を頭より上に上げながら）こんなに経済成長してるから。

里村　ええ。

ピケティ守護霊　「ただ成長すりゃいい」ってものではないね。

急成長はしたけど、今、格差がすっごい開いた。現代のもとには革命があったね。「フランス革命」から始まって、「アメリカ革命」、「ロシア革命」、「日本革命」、「中国革命」、いっぱいあって。大資本家や大土地所有者、国王や貴族だけが生まれつき有利で、繁栄《はんえい》できるという制度を改めて、みんなにチャンスのある国をつくるというのが「革命の精神」だったね。

そして、それに「資本主義の精神」が加わって、金儲《かねもう》けのうまい人が富を大きくすることが、結局

フランス革命下の1791年、パリを脱出したルイ16世一家が、国境手前のヴァレンヌで見つかり逮捕される場面。翌92年、王政廃止と第一次共和政の樹立が宣言され、93年にはルイ16世が処刑された。

は、みんなを豊かにすることにつながるという考えだったね。
だけど、その考え方には実際は矛盾《むじゅん》があって、結局、大資本家はもっともっと大きくなって、一般《いっぱん》の人との間が開くから、もとの大地主《だいじぬし》や貴族と同じような経済的貴族が生まれてくる。それは、ある程度、身分を固定することが可能になってきているから、「やっぱり、資本主義では、これは解決できない」ということを、私は書いて、儲けたよ。

里村　それで儲けたわけですか。

ピケティ守護霊　うん。儲けた。

里村　ピケティ教授は、「高額所得者、富裕《ふゆう》層に対して、所得税の累進《るいしん》税率を重くする」「中間層は減税」「相続税を重くする」というような話をされています。

ただ、私が疑問に思ったのは、そもそも、「仕事の質が違《ちが》う」というところです。

ピケティ守護霊　仕事の質？

里村　はい。例えば、資本家、経営者と労働者がいます。つまり、「より大きなところで判断する」という仕事と、そうではない仕事があるということです。もちろん、どの仕事も尊《とうと》いけれども、商品なら商品、製品なら製品をつくることに特化《とっか》している人もいるので、「仕事のクオリティにおいて、付加価値が違う」ということは、私は当然だと思います。

ピケティ教授の守護霊様は、「仕事において、付加価値の大きいものと小さいものがある」というようには考えられませんか。

ピケティ守護霊　それは、あなた、善意に物事を考えてるから。マスコミ的には、悪いほうから考えるからね。善意に、勤勉で努力して工夫《くふう》した人が儲かるのは、まあ、それを否定するのは、難しいことではあるけども。

例えば、インドとかを思えば分かるね？ だいたいは、全員が貧しかったけども、カースト（身分制度）？ カースト、あるね？

里村　はい。

ピケティ守護霊　そして、マハラジャ（王侯《おうこう》）、いるね？ マハラジャは宮殿《きゅうでん》に住んで、庭を箒《ほうき》で掃《は》く人だけでも何十人もいて、マハラジャが車で出かけるとき、みんな（敬礼のポーズを取って）こうして見送ってるね。このマハラジャが、本当に付加価値の高い仕事をしてるか、人を働かせて儲けてるだけかは分かりにくい。

それに、イギリスの貴族だって、いわゆる、郊外《こうがい》にお城を持ってね、ベレー帽被《ぼうかぶ》って、ハンティングして、キツネ狩《が》りしてても、ちゃんと地代が入ってくるようになっててね。これが「付加価値」と言えるかどうかね。そのへんのところだね。

里村　マハラジャなど、そういう事例もあります。

ただ、民主主義社会が進むにしたがって、そういう、付加価値を生み出さずして、お金持ちである、豊かであるという層は、確実に減っているんです。

ピケティ守護霊　付加価値を生み出さずして……、うん？

里村　「必ずしも、自分の努力によって付加価値を生み出していないけれども、お金持ちだ」という人の層は、少しずつ少しずつ減っているわけです。

ピケティ守護霊　ちょ、ちょっと日本語、分かりにくいね。

立木　要するに、「伝統的な貴族などは減っている」ということです。

ピケティ守護霊　うん？　伝統的貴族は減ってる……。

立木　貴族は減っていますね？

ピケティ守護霊　ああ、それはそうだ。

里村　そして、今、挙げられたインドにおいても、ＩＴ産業などは、カースト制に縛《しば》られない部分として、大きく発展してきているという現象があります。それで雇用《こよう》を生み出しているんです。

「インドのシリコンバレー」と呼ばれるバンガロールには、IT 企業などが入る工業団地が主に３つある。写真は、そのなかの一つであるエレクトロニクス・シティの風景。

ピケティ守護霊　なるほどね。

フランスが後《おく》れているのは、資本主義自体の矛盾《むじゅん》によるもの？

里村　つまり、「ピケティ教授が、この二、三百年のヨーロッパ、特にフランスなどの税金等を中心にして調べてつくられた学問のなかに、現代と合っていないものがあるのではないか」ということが、少し疑問としてはあるのですけれども。

ピケティ守護霊　うーん。それはね、私もね、企業《きぎょう》経営してないからねえ（笑）、それは分からないところがあるけれども……。

里村　いや、「分からない」では困るんです（苦笑）。

ピケティ守護霊　分からない。私は、「統計資料」で分析《ぶんせき》するからね。

里村　それについて、もう一つ疑問があるんです。
ピケティ教授は、ネット上にも、調査した税金のデータなどを発表されています。そして、税金のデータから類推して、国民の所得の向上と資本の収益率を比較《ひかく》した研究をされて、「それが正しい」とおっしゃっていますが、率直《そっちょく》に言って、これは、「データに基《もと》づいて分析した結果としての結論」なのか。そうではなくて、むしろ、「結論ありき」で、そこから都合《つごう》のいいようにデータを集められたのか。どちらなんでしょうか。

ピケティ守護霊　フランス人ねえ……、あのね、フランスは、〝世界の中心〟だったのにね、あんまり豊かでないのね。だから、「そこそこ」「ちょっとだけいい」ぐらいで、EUのもっと貧しい国よりはいいけど、アメリカ、中国、日本、ドイツ、こういうところに後《おく》れを取ってるからね。

里村　ええ。

ピケティ守護霊　で、「なんでかなあ」と考えてみて、「フランス人は、精神性がいちばん高いのに、どうして、こうなるのかなあ」と思ったら、やっぱり、これはもう人間の精神性の問題じゃなくて、資本主義自体の矛盾《むじゅん》で、「あんまり大きな資本をつくると必ず格差が開いて、フランス革命の前夜みたいな感じが、何度も繰《く》り返し起きてくるんだ」ということだね。

里村　ほお、ほお。

綾織　先ほどから、格差についてかなりおっしゃっていますけれども、現代の日本人やアメリカ人の多くは、ある意味、昔の王侯貴族よりも豊かです。格差よりも、全体の生活レベルが上がっていることが大事だと思うのですけれども。

ピケティ守護霊　日本人、たぶん、七割ぐらい持ち家ね。確かに、それは、昔に比べれば偉《えら》いかもしれないね。でも、持ち家だけど、〝ウサギ小屋〟ね。君らは〝ウサギ小屋〟で満足しているね。昔の王侯貴族みたいなパレス（宮殿）に住んでないね。それで満足してるよね。

フランス人も同じなのよ。みんなね、本当にアパートメントみたいなところに住んでるので。都市は、そんなもんかなあとは思うんだけどね。

なんか、もうひとつだね。どこかでやっぱりね、うまいことしている人、いるんだよ。きっと、そうなのよ。その金がね、どこかで隠《かく》されてるのよね。

今、フランスにね、移民がいっぱい来てね。だから、移民を安い労働力にしてね、フランス人、上流階級をつくろうと努力し始めているけどね。それだとまた昔に返るかもしれないから、「それよりは、金持ちから金取ったほうがいいよ」って言っている。

「経済的人間はみんな、一定の行動をする」と想定されている

里村　先ほどからのお話ですと、生まれながらの金持ちに対して「許せない」という一種の正義感は非常に感じられるのですが、努力して、付加価値をつくって、豊かになっていく人の正当性というものをお認めにはならないのですか。

ピケティ守護霊　努力はね、経済学的にはね、まったく評価されないの。経済学には「努力」っていう言葉はないのよ。

里村　結果の部分、つまり……。

ピケティ守護霊　「経済的人間は、みんな一定の行動をする」と想定されている。

だから、「努力する人」と「努力しない人」を区別する理論は、特にないの。できない、できない、できない。できない。

里村　特に、統計から来る経済学の方は、本当に、そのように考えられますよね。一人ひとりの能力とか才能とか、あるいは……。

ピケティ守護霊　政治も一緒《いっしょ》でしょ。日本の二宮尊徳《にのみやそんとく》も、政治、一票。この人も一票。君（里村）も一票。この人（綾織）も一票。

里村　ええ。

ピケティ守護霊　（机を叩《たた》きながら）うーん、そういうことだな。大企業つくったら、結局、暗殺されるか、金を撒《ま》くか、どっちかしないかぎりは、いずれ、狙《ねら》われるっていうかね。

でも、アメリカでも独占禁止法《どくせんきんしほう》みたいなもので分割《ぶんかつ》されたりもするからね。要するに、大きいものはさらに強くなって、小さいものを必ず潰《つぶ》すからね。やっぱり、それを護《まも》らなきゃいけないからね。

嚙《か》み合ってないかな？　よく分からないけど。

「正義論はほとんど平等論よ」

里村　今のお話で、「なぜ、ピケティ教授の守護霊様と話が嚙み合わないのか」が、よく分かりました。

私たちは、「富を創造するプロセスを見ないといけない」と思っているんですよ。

ピケティ守護霊　ああ、動機か？

里村　動機もありますけれども、手段のところですよね。

ピケティ守護霊　モチベーション？

里村　要するに、ピケティ教授は、例えば、「あの人が一億円なら一億円を消費しているとして、それが生まれながらにしろ、あるいは、自分で創意工夫して努力したにしろ、結果は同じなんだ。それをどう再分配するかが問題なんだ」と、このようにお考えなわけですね？

ピケティ守護霊　でも、政治も今、すぐそういうふうに考えてるよね。

里村　確かに。

ピケティ守護霊　どんなに金を儲けても、一票だからね。生活保護を受けても一票だし、松下幸之助《まつしたこうのすけ》でも一票だね。一票は一票だからね。

里村　はい、はい。

ピケティ守護霊　その流れから見れば、やっぱり、お金が集まった人の力を削《そ》ぐほうに行くわね、どうしてもね。

里村　私たちは、問題意識として、「今の日本は、ある種、ピケティ教授が『こうであるべきだ』と言う方向に向かっているのではないか」という……。

ピケティ守護霊　でも、私、悪いこと言ってないのよ。「正義論」は、ほとんど「平等論」よ。

平等なら、みんな納得《なっとく》して、暴動も革命も起きないけど、平等でないと、不平不満が噴出《ふんしゅつ》して、革命、起きるよ。革命を起こそうとして火を点《つ》けるのは、マスコミよ。

里村　ところが、今の日本では、そのマスコミも、ある意味で、政府に乗っかって、平等のほうを言うわけです。革命ではなくて、「平等であるべきだ」と。

ピケティ守護霊　うーん。

里村　ですから、ある意味で、ピケティ教授の理論を理想的に実現している姿が、今の日本に少し映《うつ》るところがあります。

例えば、ピケティ教授は、クルーグマン教授やスティグリッツ教授などと同じように、消費税増税に反対されていました。

●ポール・クルーグマン（1953～）　アメリカの経済学者で、ノーベル経済学賞受賞者（2008年）。1982年から1983年、レーガン政権で大統領経済諮問委員を務める。2015年、ニューヨーク市立大学大学院センター教授に就任。2016年3月、日本政府が複数回開いた「国際金融経済分析会合」において、消費税再増税の延期を提言した。

それから、今、日本では、相続税、あるいは所得税に関しても、少しずつ上昇圧《じょうしょうあつ》力が働いています。相続税をかける幅《はば》、ベースを広げようという方向です。

ピケティ守護霊　うんうん、うんうん。

「お金の才能は、数量経済学ではさっぱり分からない」

里村　さらに、「結婚《けっこん》したら、国が十八万円くれる」と言っているのですが、これは、ピケティ教授がおっしゃっている、「若年層《じゃくねんそう》、若者層に、よりお金を与《あた》えなければいけない」というところかと思うのです。

このように、諸々《もろもろ》見ていると、日本は、そういう方向に行っていると感じます。

ピケティ守護霊　うーん。

●ジョセフ・スティグリッツ（1943 ～）　アメリカの経済学者で、ノーベル経済学賞受賞者（2001 年）。コロンビア大学教授。1995 年から 1997 年、クリントン政権で大統領経済諮問委員長を務める。2016 年 3 月、日本政府が複数回開いた「国際金融経済分析会合」において、消費税再増税の延期を提言した。

里村　それで、みんなが本当にハッピーならいいのですが、実は、これは「結果平等」の世界に向かっていて、「個人の創意工夫や自由が認められる社会と反対の方向に向かっているのではないか」ということを、私たちは少し、いや、大いに恐《おそ》れています。

これについては、いかがでしょうか。

ピケティ守護霊　うーん。例えば、日本にはね、政治家なんかでも、政治家の家柄《いえがら》に生まれたら政治家になれるようなね、昔の大名制《だいみょうせい》みたいなのが、やっぱりあるよね。これは確かに、平等ではないかもしれないところがあるけど。

もう一つのエリートの構成要因としては、「教育」。「教育格差」が「所得格差」につながるところはあるよね。だから、教育費がタダのほうに向かっていこうとしてると思うがねえ。要するに、「教育格差」が、技術者としての質の違いやマネジメント力の差につながって、「所得の格差」につながっていくから、教育のところを平等にしていく圧力がかかったわね。

日本も、ゆとり教育みたいなので差を縮めようとしたり、「みんなが百点を取れるようにすれば差がなくなる」とかやって（笑）。失敗したら、今度は、金があるところはいい学校に行けて、教育力をつけられるから、結局、資本がついてきて、お金が儲かって、美人の嫁《よめ》さんが来て、大邸宅《だいていたく》で住める。貴族できる。

教育を、小学校、中学校、高校、そして、大学もいずれタダにしようとする動きがあるよね。それで解決しようとしているけど、それでもまだ潰し切れないのよね。

なんでかと言うと、実は、教育でお金儲け系は教えてないのよね、ほとんどね。だから、仕事のもとになる学習能力は教えてるけど、お金儲けは、ねえ？　どこかの都知事さんみたいにね、ケチケチ隠して稼《かせ》ぐとか、あるいは、政治家が、税金がかからない政治資金を上手に集める組織をつくれたりすると、うまくいくようになって。

こんな、資金の集め方、運用の仕方、使い方。このお金の才能はね、学歴だけで測《はか》れないところがあるのでね。ここのところを経済学的にどう判断するかは、数量経済学ではさっぱり分からない。

里村　（苦笑）

4 「経営学は分からない」と言うピケティ守護霊

「結果平等にしなければ、革命が必ず起きる」

綾織　先ほど、「(格差を)潰《つぶ》し切れない」とおっしゃいましたが、一人ひとりの条件や環境《かんきょう》を全部同じにすることを目的にされているのですか。金銭的なものや教育の機会、その他の条件がいろいろとありますけれども。

ピケティ守護霊　「神は人間を平等につくられた」っていうのは、そういうことなんじゃないの?

里村　つまり、それは、強い「結果平等社会」ですよね?

ピケティ守護霊　まっ、いちおうそうなるんじゃないの。だから、（格差が）開いたら潰して、結果平等にして、もう一回また開いたら潰して。この繰《く》り返しをやらないかぎり、革命は必ず起きる。

綾織　その考えで行くと、「金銭的に平等である。教育の機会も平等である。家庭環境にも差があってはいけない」ということになりますよね？

ピケティ守護霊　うーん。だから、君ら、そんなに貴族を悪いものと思ってないけど、フランスとかは、貴族の悪いところを、みんなクーッと聞いてるからね。フランス革命が原点だからね、現代のね。

で、結果は、よくなったとは思ってるわけよ。そういう貴族がなくなって、王様がなくなって、王様のない政体、共和政になった。アメリカも共和政だけども、共和政になったら、そういう金を取って贅沢《ぜいたく》する人がいなくなったから。政治家はちょっと儲《もう》けられるけども、選挙に落ちれば、〝ただの人〟になるからね。今は儲けられる期間が限られてるわね。嫉妬《しっと》を煽《あお》られたら落ちるようになってるから、「嫉妬による平等」が、社会に実現されてるね。

だから、みんなパリにいろいろ住めるわけよ。それはいいことよ。勉強できれば、だいたい私みたいに教授にもなれるわけよね。

経済学的には判断不能な「現実の経営」

綾織　「全部、条件を同じにしていく」という話は、理屈《りくつ》の上では何となく分かるところもあります。
ただ、逆に現実を見ると、日本のお金持ちと言われている人たち、例えば、孫正《そんまさ》義《よし》さんや、ユニクロの柳井正《やないただし》さんなどは、富豪《ふごう》の生まれでも何でもなく、ある意味、普通《ふつう》の環境から成長していった人たちです。世襲《せしゅう》ではありません。

ピケティ守護霊　普通じゃないでしょ？　孫さんは、ものすごい〝低い階級〟で、すごく厳しい、差別されるような階層から這《は》い上がって、アメリカンドリームをくぐって、成功を持ち込《こ》んだ人だね。

で、柳井さんはユニクロね。有名だけど。

ああいう安売り店で大富豪になるっていうのは、非常に難しいことではあるんだけど、「安売りを広げて、チェーン店を広げる」っていうことは、確かに、平等論から見ると悪いことではないので。

だから、庶民《しょみん》が物を買えるようになるんでしょ？　要するに、高いものなら高所得の人しか買えないけど、安いものをいっぱい売ってくれれば、庶民もいろいろなものが買えて、みんな同じものを着ている。

ある意味では、千円で買えるジーンズやTシャツは、金持ちも貧乏人《びんぼうにん》も着ているようなところがあるもんね。

そういう意味での「商品による平等化」を進めて、結果、自分が金持ちになった。これは賢《かしこ》いらしい。

でも、なんでそれができるのかは、経済学的には分からない。安売りすれば儲かるなら、みんなする。だけど、安売りしても、潰れるところは潰れる。安売りして、儲かるところと潰れるところがなんで出るのか、さっぱり分からない。これ、教えてよ。私も分からないから。

綾織　単純に、企業家《きぎょうか》・事業家の意味や価値を、ご自身が分からないという、ただそれだけのことです。

ピケティ守護霊　そんなの……、それは「経営学」であって、「経済学」じゃないわけ。

綾織　ああ、経済学的に見ると、まったく理解できないのですね。

里村　そうすると、ピケティ教授は、アントレプレナーシップ、つまり、企業家精神に関しては、あまり興味・関心がないということですか?

ピケティ守護霊　そりゃあ、私がパリで花屋の経営、できるかどうか。それはやらせてみないと分からないね。

里村　（笑）ほお。

ピケティ守護霊　君がパリで花屋やるのと、私が花屋やるのと、どっちが儲かって、どっちが倒産《とうさん》するかは、それはやってみなきゃ、経済学的には判断不能だ。

「私の本をどう受け止めたかは、世界と日本の責任」

里村　例えば、同じフランスの方でも、ルノーのカルロス・ゴーン社長のように、日本の日産自動車でも、たいへんな報酬《ほうしゅう》を得ている方がいます。

しかし、われわれから見ると、「そうだろうな」とは思うんです。

ピケティ守護霊　あれ、偉《えら》いね。フランス人で、日本人を〝叩《たた》きのめした〟の、あの人ぐらいじゃないか？　あと、いないよ。

綾織　いや、日産を再生させているので、別に叩きのめしているわけではないです（苦笑）。

ピケティ守護霊　叩きのめしたのよ。日本から富を奪《うば》ったね。偉い、あいつ。

綾織　奪ってはいないと思いますけど（苦笑）。

ピケティ守護霊　奪ったんだ。

里村　富を奪ったわけではなくて、日産という会社をリバイバルさせています。また、今回は三菱《みつびし》自動車も救おうとしていますけれども……。

ピケティ守護霊　日産を財閥《ざいばつ》にしないで、フランス人が分捕《ぶんど》ったのよ。偉いね。〝海賊《かいぞく》〟よ、彼ね。

里村　いや、ともかくゴーン氏は、現代のフランス人としては少し珍《めずら》しいかなと思います。

ピケティ守護霊　うん、珍しい。フランスは、もうファッションぐらいしかないからさ。

里村　そうなんですよね。

ピケティ守護霊　ファッションか、高い絵画《かいが》を売りつけるぐらいしかないからさ。

里村　つまり、フランスの経済に活気というものが感じられないわけです。

ピケティ守護霊　だけどねえ、ゴーンはフランスじゃ、たぶん駄目《だめ》だ。日本だからできた。日本はね、〝贅肉《ぜいにく》〟がいっぱいあちこちにあるから、それを削《そ》ぎ落とせば、いくらでも富が出てくる。

里村　フランスには、その部分がもうないのですか？

ピケティ守護霊　ああ。もうないよ。フランスにはない。

里村　そうすると、今後はずっと農業国家としてやっていくしかないということでしょうか。

ピケティ守護霊　そうね。だから、雌牛《めうし》と共に暮らしていくね。

里村　フランスは大農業国家ですけれども、結局、

フランス南東部ローヌ・アルプの牛の群れ。

ピケティ教授がもともと理想とするものは、大きな企業や事業ではなくて、みながバラバラで、農業なら農業という小さな事業をやっているという社会ですか。

ピケティ守護霊　私はね、組織の経営、そんなによく分からないので。学者、「個人主義」ね。だから、個人として、自分の仕事にしか関心ないからさ、よく分かんないの。

私は本を出したけど、これを世界がどう受け止めたか、日本がどう受け止めたかは、世界と日本の責任で、私の責任じゃない。

里村　自分の責任ではないと……（苦笑）。

ピケティ守護霊　うん。私は自分の研究を書いただけだ。

5　今の日本は「r>g」ではない？

ピケティの言う「r>g」を日本に当てはめると……

綾織　ピケティ教授の研究の「r>g」、つまり、「経済成長率（g）よりも資本収益率（r）のほうが高い」というところについてお伺《うかが》いします。先ほどの企業家《きぎょうか》の話から行くと、「資本を集めて効果的なものに投資をすると、リターンが大きい」というのは、資本主義そのもので、別に何も珍《めずら》しいことを説明していないと私は思うのですけれども、いかがでしょうか。

ピケティ守護霊　今の日本ではね、「r>g」かどうかは、ちょっと分からんところがあるけどね。

綾織　ああ、それはそうですね。

ピケティ守護霊　だからさ、（今の日本は）資金の運用ができないようになってるから（笑）。ほぼ〝ゼロ〟だから、運用益がね。ゼロになってきたから、賃金が上がらないのと同じになってきたので、一緒《いっしょ》かどうかは分からない。

里村　いや、ピケティ教授の提唱《ていしょう》されている理論は、ある意味で、日本が先取りして実験をやりました。つまり、二十六年前に、資本の集積を憎《にく》んで、人為《じんい》的にバブル崩壊《ほうかい》というものを起こして、その結果、何が起きるかをやってきたわけです。そして、みな貧しくなりました。

ピケティ守護霊　そんなことない。（里村に）君、お腹《なか》出てるよ（会場笑）。

里村　いや、いや、これは水腹《みずばら》ですから（苦笑）。

ピケティ守護霊　ああ、そう。

里村　はい。水を飲んで、腹を膨《ふく》らませているんです。

ピケティ守護霊　アハッ（笑）。

日本の「バブル崩壊《ほうかい》」後に起きた全国民的な所得減

綾織　バブル崩壊《ほうかい》後に起きたことは、平均的な国民の所得が落ちていったことです。だいたい百四十万円ぐらい減っていったと思います。

ピケティ守護霊　それ、おかしいね。

綾織　つまり、ピケティ理論を実践《じっせん》すると、平均的な国民の所得が下がっていくわけです。

ピケティ守護霊　そうか。「土地の値段」と「株の値段」を下げたら、要するに、金持ち階級、資本家が潰《つぶ》されたわけね。資産を減らされたのね。

綾織　はい。

減り続ける日本の一世帯当たりの平均所得

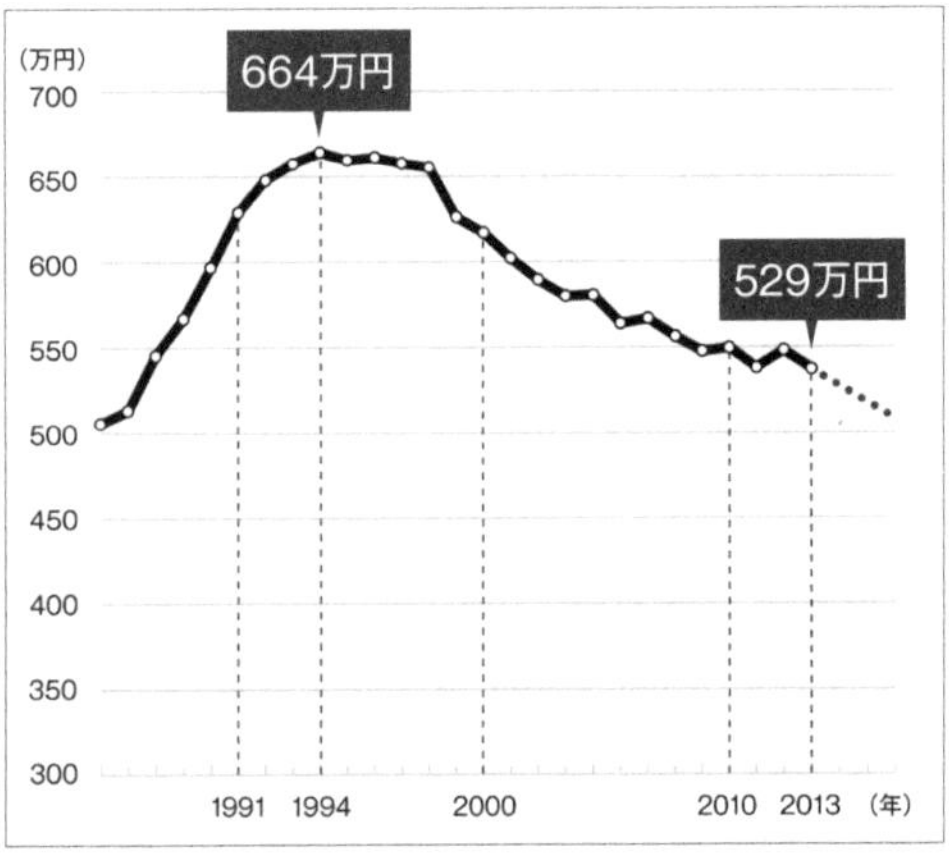

厚生労働省：国民生活基礎調査の概況より作成

ピケティ守護霊　そしたら、所得が減ったか。うーん、なるほど。

綾織　全国民的に減ったんです。

里村　全国民的に均《なら》されてしまいました。

ピケティ守護霊　おかしいな。おかしいな。それは、おかしいな……。

綾織　それで、国民は消費をなかなかしないですし、企業も新しい投資をしません。結局、全員の所得がものすごい割合で減ってしまったわけです。

ピケティ守護霊　いや、企業がお金を持ってるのね。

里村　そうなんです。それで、今、企業に……。

ピケティ守護霊　革命、革命！

だから、土日は企業が休んでるから、土日に労働者は窓割って企業に入って、金庫こじ開けて、持ち出したらいいわけよ。

里村　残念ながら、お金が金庫にないんです。

ピケティ守護霊　ああ、そうか。

里村　自社の金庫には、みなお金がありませんけれども、内部留保が三百五十兆円もあるという状態なんです。

もちろん、企業家は給料を上げたいのですが、国の政治等の先行きを心配して、みな溜《た》めておくわけです。

ただ、結果的に従業員を路頭に迷わせないためには、それは当然だと思います。

6 「資本主義の根っこは、悪魔《あくま》」

カトリックの論理を持ち出すピケティ守護霊

里村　そういう部分を考えたときに、ピケティ教授は、「資本家」や「資本主義」そのものを、いけないものだと思われますか。

ピケティ守護霊　それは……。資本主義の根っこは、やっぱり「悪魔」でしょ。悪魔、悪魔、悪魔の考えでしょ。

里村　えっ、なぜですか!?

ピケティ守護霊　だって、キリストはちゃんとそう言ってるじゃない。

里村　いや、待ってください。キリスト教のなかから、「プロテスタンティズムの倫理《りんり》」なるものが出てきました。汗水《あせみず》流して働き、勤労してお金が貯《た》まることは、いいことなんですよ。

ピケティ守護霊　フランスはカトリックだから、それは信じてないのよ。分かる？

里村　（苦笑）あれ（プロテスタンティズム）は、ドイツのほうで起きてきた動きですからね。

ピケティ守護霊　うん、うん。そう。ドイツやアメリカで、そういうことをするから。一生懸命《いっしょうけんめい》働きつつ、金貯めて、金の力でもっと大きなものを動かそうとしていったのは、あっちのプロテスタントの国ね。
だから、カトリックの国は、「昼寝《ひるね》する権利」を得ようと、みな頑張《がんば》ってるわけよ。

里村　カトリックが強いラテン系はそうなんですけれども……。

ピケティ守護霊　だから、ローマ法王はトランプ氏を非難してるわけよな。

里村　なるほど。

ピケティ守護霊　「貧しい移民がアメリカに入って豊かになろうとするのを、トランプが壁《かべ》をつくって入れないようにしようとしているのは、神としては許せない行《こう》為《い》だ」ということを言ってるわけね。

「神様は『貧しくあれ』とおっしゃっている」

綾織　ピケティ教授ご自身は、神様を信じていらっしゃいますか。イエス様を信じていらっしゃる？

ピケティ守護霊　いや、「私を出世させる神」は信じるね。

里村　出世させる神？

ピケティ守護霊　うん。

里村　けっこう功名心《こうみょうしん》がおありでいらっしゃるのですね。

ピケティ守護霊　えっ？

里村　功名心がおありでいらっしゃいますね。

ピケティ守護霊　「功名心」って難しいね。

里村　名誉《めいよ》欲や地位欲といったものです。

ピケティ守護霊　それも難しいな。
いや、聞こえないことがあるのよ。分からないな。

里村　（苦笑）では、先ほどの話に戻《もど》しますが、「資本主義の根っこが悪魔である」とおっしゃいました。

ピケティ守護霊　うん、悪魔なんじゃない？　だって、お金で釣《つ》るんでしょ、悪魔は。

里村　いや、違《ちが》うんです。

ピケティ守護霊　だから、金のもと、資本の富のもとは、エデンの園《その》の「知恵《ちえ》の木《こ》の実」よ。つまり、リンゴね。

里村　ほお。

ピケティ守護霊　だから、リンゴを蓄《たくわ》えたやつが資本家になるのよ、まず。大農場主よ。

綾織　そういう欲を出してはいけないんですか。

ピケティ守護霊　そう。

綾織　金銭欲を持ってはいけない？

ピケティ守護霊　ああ、いけない。いけないのよ。

綾織　なるほど。

ピケティ守護霊　うん。持ってはいけない。
神様は、「リンゴが生《な》ってても食べるな」とおっしゃるの。神様は、「貧しくあれ」とおっしゃっておられる。

綾織　「貧しくあれ」というのが理想ですか。

ピケティ守護霊　うん。

アダムとイブが楽園から追放された理由とは?

里村　ただ、資本家が資本を集めて事業ができると、雇用《こよう》が生まれます。つまり、みなが食べていけるようになるわけです。これのどこに、悪魔の介在《かいざい》があるんでしょうか。

ピケティ守護霊　それが公平に、正確に「分配」されているうちはいいのよ。だから、共産主義の理想があるわけで。

なんでかうまくいかなかったが、ソ連邦《れんぽう》のコルホーズ、ソフホーズみたいに、みんなが力を合わせて、資本も合わせて農協みたいなものをつくって、成果をあげたものを公平に分配している世の中なら、神様が認めるユートピアだけど。

だから、エデンの園で、なぜアダムとイブが楽園から追放されたかというと、働かずして食っていける道を発見したからよ。神様が、「絶対に食べるな」と言ったリンゴの木からもいで、リンゴを食っておれば、自分らは何もしなくても食っていけることが分かったんで、そこから追い出された。

で、アダムは汗を流して労働しなければ食っていけないようになって、「レイバー（労働）」というのが与《あた》えられた。それは「骨折り」よ、レイバーはね。で、イブは出産の苦しみを与えられたわけで。出

集団農場（コルホーズ）で行われる大型農業機械を使用しての種まき作業（ソ連・カザフスタン／1961年7月1日撮影）。1960年代以降、農民たちの生産意欲の衰退や、生産性・流通の非効率などにより、ソ連では食糧の自給に支障をきたすようになった。

産、子育て、それから家事の苦しみを与えられて、労働を与えられたのね。
やっぱり、それは大資本家や大地主、もしくは、働かずして食う人間になろうとしたところに、神の怒《いか》りは落ちたわけよ。
だから、〝神〟と〝私〟は「イコールになる」わけね。

里村 （苦笑）

「米ソ冷戦は、本当はソ連が勝っていた」

綾織 先ほど、「ソ連の共産主義社会が理想だ」という話がありましたけれども、それが、あなたが目指しているものなんですか。

「アダムとイヴ」（ルーカス・クラナッハ画、1526年）

ピケティ守護霊　だから、アメリカがソ連に勝ったと思ってるけど、これは〝幻《げん》想《そう》〟なのよ。

綾織　ほお。そうなんですか。

ピケティ守護霊　本当はソ連が勝ってたのよ。

綾織　勝っていたんですか？

ピケティ守護霊　だから、工業生産力も、科学技術も、ソ連のほうがアメリカを抜《ぬ》いておったのだよ。あれで、ソ連が完全に勝ち抜けたら、世界は理想の共産主義的ユートピアでできていたのに、ソ連で運営の下手《へた》な人が一人、二人、ちょっと出てしまったために、ああなったわけよ。

里村　いや、いや。違います。

立木　ソ連の経済統計は、けっこうデタラメだったという話もあります。アメリカに勝っているように見えていたかもしれませんが、実は、かなり「水増し」が多かったらしいのです。

ピケティ守護霊　うーん。

里村　データもそうですし、工業生産力が勝っていたと言っても、そもそも生産されるものが、人のニーズに合っていないものだったんです。

ピケティ守護霊　いや、そうだけども、君ら、根本的に誤解があるのよ。君ら、資本主義がいいと思ってたり、資本主義の経済学のなかにある概念《がいねん》は、要するに、「顧客《こきゃく》・消費者志向」でしょ？　それは、「人間の欲望、個々人の欲望を認める」ということよ。個々人の欲望を肯定《こうてい》して、その欲望に手を差し込《こ》んで、つかむ。「欲望をつかめば、儲《もう》かる」っていうことだから、これ、悪魔の行為なのよ。

　だから、アダム・スミスの言う、「神の見えざる手」は、「悪魔の見えざる手」なのよ。「人間が欲望のままにやったら、経済が発展する」っていう考えは、神でなくて悪魔だったのよ、実は。

里村　なるほど。

ピケティ守護霊　「欲望を肯定して、欲望を膨《ふく》らませれば、みんなが幸福になる」っていう悪魔の

アダム・スミス（1723～1790）
「経済学の父」と呼ばれるイギリスの経済学者・哲学者。主著『国富論』において、自由競争に基づく経済発展の理論を説き、経済学の基礎を確立。「自由競争によって『見えざる手』が働き、最大の繁栄がもたらされる」という思想が有名。

教えが勝利したということ自体が間違っているわけで。

ソ連邦はそれを正すべく、アメリカ側の資本主義陣営《じんえい》を潰《つぶ》す〝神のミッション〟を受けておったのに、失敗したっていうことで、それでゴルバチョフ（元ソ連大統領）はイエス・キリストと同じような悲劇を受けたわけよ。

心のなかはマルクス主義ではなく、キリスト教の根本的精神？

綾織　気になるのは、マルクスのところなのですけれども……。

ピケティ守護霊　うーん、マルクス読んでない。私、読んでないよ。

綾織　（笑）そうとは考えにくいですね。

カール・マルクス（1818〜1883）
ドイツの経済学者・哲学者・革命家。ドイツ観念論哲学等を批判的に取り入れて科学的社会主義を創始。主著『資本論』『共産党宣言』等。

ピケティ守護霊　読んでない、読んでない。全然、影響《えいきょう》受けてないよ。私は、データで分析《ぶんせき》して考えてるから。

里村　読むまでもなかったのではないですか。

ピケティ守護霊　ええ？　読まなくても、それは、頭に少しは入ってはくるけど……。

里村　入ってくる？

ピケティ守護霊　「読んだ」と言うわけにはいかないわけよ。

里村　いや、「心のなか」に、もう入っているのではないですか。

ピケティ守護霊　いや、「心のなか」には……、いや、「心のなか」には、キリスト教の根本的精神が……。

やっぱり、カトリックも、今ね、お金に困っとるわけよ。貧しいのよ。

里村　ええ。

ピケティ守護霊　だから、どこか、金、大金持ちから取りたいので、プロテスタントの国を何とか奪《うば》い取りたいわけね。

綾織　ああ……。

ピケティ守護霊　だから、プロテスタントの大企業《だいきぎょう》あたりを、全部、信者に変えたいのよね。その富を収奪《しゅうだつ》したいのが、ローマ法王の考えね。

里村　ほう。

ピケティ守護霊　そして、南米とかにばら撒《ま》きたいのよ、本当は。

里村　あっ、それが、もしかしたら、今、ピケティ教授が、ドイツのメルケルさんを批判し、「緊縮《きんしゅく》財政をするな」と……。

ピケティ守護霊　メルケル、悪魔ね（机を軽く叩《たた》く）。

里村　（笑）ああ、それは、地上のピケティさんが、実際、おっしゃっていることと同じです。そのとおりですね。

ピケティ守護霊　うん、だから、メルケル、舛添《ますぞえ》、みんな同じね。

里村　みんな……（笑）。まあ、舛添さんは、フランスで勉強されたんですよね？

ピケティ守護霊　あ、そうか、そうか、そうか、そうか。

里村　はい。

「今、神様は地獄《じごく》に住んでいて、悪魔《あくま》が天国に住んでる」

里村　それで、先ほどのお話ですけれども、やはり、われわれも、欲望というのは抑《おさ》えなくてはいけないと思っています。

ピケティ守護霊　うーん。だから、アダム・スミス、もっと批判し……。

里村　いやいや。ただ、要するに、「ずるをして金を儲けようという人がいても、結果的に、正当な努力をしている人のところに勝利が来る。これが、見えざる手である。そして、結局、必要でないものが淘汰《とうた》されていく。そこは、一見、残酷《ざんこく》なようにも見えるけれども」というのが、アダム・スミスの言ったところでございます。

ピケティ守護霊　うん、うーん……。

里村　だから、もし、それを否定されるのであれば……。

例えば、先ほど、農場の共同経営の話が出ましたけれども、ソ連も失敗しましたし、もっと激しいかたちで失敗したのは、中国の毛沢東《もうたくとう》の人民公社●です。三千万人ぐらいが餓死《がし》したと言われています。

●人民公社　1958年以来、中華人民共和国政府の下で結成された、生産組織と行政組織が一体化した組織。農業の集団化をはじめ、政治、経済、文化、軍事などを包含した機能を持つ。人民公社には、政府より食糧の無償供出が命じられていたが、幹部が水増し報告をし、農民の食糧を収奪。穀物が不作となったことも重なって、中国全土で深刻な飢餓に陥った。1982年の憲法改正によって解体。

ピケティ守護霊　うん。

里村　つまり、「今、ピケティ教授の守護霊様がおっしゃったことをやろうとしたときに、実は、地上に地獄《じごく》ができてくる」というのは、人類はすでに二十世紀に、ソ連と中国で二回経験しているわけです。

ピケティ守護霊　うん。分かった。じゃあ、今、「神様は地獄に住んでいて、悪魔《あくま》が天国に住んでる」のよ。

里村　いやいや（苦笑）。

ピケティ守護霊　それが資本主義の時代よ。

里村　いや、天国に住んでいらっしゃる方が神様なんです。天国に悪魔が住んでいるわけではないです。

ピケティ守護霊　この五百年で入れ替《か》わったのよ。悪魔が天国に行ったのよ。神は地獄に行ったのよ。

だから、イエスは貧しくって、十字架《じゅうじか》で、釘《くぎ》を打ち込まれて死んだのよ。貧しくて一円も持ってない人は、（本来は）神様なのよ。それが地獄に行って、ビル・ゲイツや、ウォーレン・バフェットらが、今、もう神様になって、天国に行ってるのよ。

これ、だから、神様と悪魔が、〝陣地合戦〟で逆に入れ替わったのよ。

ピケティ守護霊は、「共産主義」や「中国」をどう見ているのか

里村　ただ、先ほどから、お話をお伺《うかが》いしていると、要するに、そのように結果平等をつくるということであれば、『21世紀の資本』というのは、ハイエク教授がおっしゃった「隷従《れいじゅう》への道」の新しいスタイルではないか、というか、結局、同じではないかと思うのです。

ピケティ守護霊　問題はね、共産主義はよかったのよ。

里村　ええ？

ピケティ守護霊　共産主義はよかったんだけども、共産党のエリートたちが、また、資本家みたいに搾取《さくしゅ》し始めて腐敗《ふはい》したから、うまくいかなくなったんで。やっぱり、

ここを、もうちょっと粛清《しゅくせい》……、いやいや、粛清じゃなくて、クリーンにしなきゃいけなかったわけよ。

里村　いや、ですから、そのように、人為的に国民に「結果平等」の世界をつくるのは、例えば、現代で言うと、中国です。

ピケティ守護霊　うん。うん、うん。

里村　ある意味で、ピケティ教授のもう一つの理想型が、中国という国に現れているようなのですけれども……。

ピケティ守護霊　いやあ、でもないね。今、中国も資本主義の国ね。

里村　もう、今、世界最大の格差社会ですよ。

ピケティ守護霊　そうだね。

里村　もう日本なんて、まったく及《およ》びもつかないような、アメリカ以上の。

ピケティ守護霊　うん。

里村　なぜ、このようになるのでしょう？

ピケティ守護霊　だから、今、安倍《あべ》さんが中国の首相だったら、彼は、何千億もお金持ってるはずね、たぶんね。

中国では都市部と農村部の貧富の格差が広がり続けている。(写真右：高層ビルとマンションが乱立する北京中心部。2012年2月18日撮影／左：馬を使って田を耕す貴州省の農民。2010年4月8日撮影)

里村　はい。

ピケティ守護霊　そして、タックス・ヘイブン（租税回避地《そぜいかいひち》）に逃《に》がしてるはずだね。

あくまでも「自由」や「民主主義」を否定するピケティ守護霊

里村　ピケティ教授は、主に、税金を再分配することでもって、格差社会や貧困問題をなくそうとお考えですよね？

ピケティ守護霊　だから、税金はペナルティなわけね。

里村　ほお。ペナルティ？

ピケティ守護霊　神のペナルティなのよ。神が、人類が悪魔化することを禁ずるためのペナルティが、税金になるわけ。

里村　というか、先ほどのお話では、そもそも、「労働そのものがペナルティ」というお考えでしたね。

ピケティ守護霊　ああ、そうです。それもあるがね。それもある。

里村　ですよね。「神様から下《くだ》されたペナルティとして、労働がある」という。

ピケティ守護霊　うん。

里村　「労働は悪いものだ」という考え方があるんですか？

ピケティ守護霊　だから、神様は、本当は、だってイエスで言えば、パンを物質化できて、無限に増やせるんでしょう？　ねえ？　二匹《ひき》の魚を割《さ》いたら何千人もが食べられて、何個かのパンを割けば、何千人かが食べられる。これ、完全に、もう経済原理は崩壊《ほうかい》する思想だよね。

里村　ただ、それは『聖書《せいしょ》』に現れた奇跡《きせき》の話であって、それを一般《いっぱん》経済の理論にしようなどという考えのほうがおかしいです。

ピケティ守護霊　うーん。

里村　ですから、今、私が言いたいのは、ピケティ教授の見解に従うような社会をつくると、かつてのソ連、あるいは、現在の中国のように、自由がまったくない国、さらに、もう一歩進んで、民主主義でない国ができるしかなくなるのではないかという……。

ピケティ守護霊　だから、神様は、「知恵の木の実を自由に取って食べていい」という権利を、人間に与えられなかったのよ。それに手を出したのが、現代の資本主義の世界にいる人間なわけよ。それを取ったら、楽して賢《かしこ》くなって、うまいことができるようになるからね。

里村　いや、ですから、「自由」とか「民主主義」はどうなるんですか、その価値は。

ピケティ守護霊　いや、「自由」や「民主主義」も危ないよ。リンゴの実がね、その「知恵の木の実」が、今、「パソコン」になってるからね。パソコンをみんな一台持ったりするようになってきてるから、これが知恵の木の実ね。

もうパソコンで自由に世界と交流して、何か意見を言ったりして、要するに、マスコミみたいな大資本とも戦えるようになったし、商売もできるようになったから。

これ、リンゴの実ね。パソコンね。これが、また、たぶん、〝新しい楽園追放〟のもとにはなるだろうけどね。

里村　まあ、そこは一部、分かります。

ピケティ守護霊　うん、うん。

7 「原始へ帰れ」こそが理想の社会？

「理想は原始的な農業社会。経済的発展は偽物《にせもの》」

綾織　冒頭《ぼうとう》に、大川隆法総裁から、問題提起のようなお話があったのですけれども、「今、技術革新によって人間が要《い》らなくなっていく」という現象が進んでいます。そうなってくると、肉体労働的なものや、あなたがおっしゃっている、「みんなが平等に働けば、それでいいんだ」という社会も成り立たなくなっていきます。

ピケティ守護霊　大丈夫《だいじょうぶ》、大丈夫。大丈夫なのよ。移民が入ってくれば貧しくなるから、働かなきゃいけなくなるのよ。移民がいっぱい入ってくるから。

里村　いやいや、違《ちが》うんですよ。今、言っているのは、例えば、ロボットなどが労働の……。

ピケティ守護霊　移民はロボットを使えないよ。

綾織　「その移民の方々も仕事がなくなってくる」ということになりますよね。

ピケティ守護霊　うーん……。

里村　つまり、ハウスキーピング（家事）などの、人間でないとどうしてもできないような仕事に、どんどんどんどん集まっていきます。そうすると、所得の成長が鈍《にぶ》るのです。

ピケティ守護霊　別にいいじゃん。神様、そんなの思ってないよ。神様はいつも、「みんな農民であれ」と思ってるのよ、人類に。

綾織　原始的な社会のほうがいい？

ピケティ守護霊　「農民であれば、悪いことしないで、心を清くして天国に還《かえ》れる」と思うとるわけだから、そちらの世界を……。

だから、パリはちょっと異常だけど、フランスの郊外《こうがい》の美しい農園、田園地帯が天国なわけよ、神様が考えるね。そういう世界に戻《もど》してやらなきゃいけない。

フランスのぶどう畑の風景。

立木　そうしますと、結局、富が生まれません。

ピケティ守護霊　うん。

立木　フランスというのは、文化の国ではないですか。その文化として、いろいろな芸術や建物などがありますけれども、そういうものが一切《いっさい》、出てこなくなると思うのです。それについては、どのようにお考えになりますか。

ピケティ守護霊　うーん……。出てこないかなあ。

立木　いや、農民がいるだけの単純再生産の世界であ

パリのルーブル美術館。絵画をはじめ、彫刻や工芸品などの美術品が８部門に分類されて展示されている。収蔵品 380,000 点以上の世界最大級の美術館。

バロック建築の代表作であるヴェルサイユ宮殿旧城。

れば、やはり、何も富が生まれないので、何もできないですよね？

里村　例えば、絵画《かいが》であったり……。

ピケティ守護霊　だから、フランスの田園地帯は、とても美しい。見る分には、タダですよね。タダで美しい。「それをカメラで写真に撮《と》りたがる人が出て、カメラをつくる人が出て、写真を売る人が出て、さらに、それを絵に描いて売る人が出て、その絵を海外に売る人が出て……」という感じで、二重、三重、四重、五重に何か膨《ふく》らませていくのが、経済の発展なわけね。

これは、本当は偽物《にせもの》なわけよ。本当は、農村地帯を散歩すれば、それで済むから。

里村　いやあ、そうすると、もう、ルソーばりの「原始に帰れ」というような……。

ピケティ守護霊　そらあ、そうでしょう。

立木　いや、それでは、学問自体が成り立たなくなりますね。学者も生きていけなくなります。

ピケティ守護霊　ルソーは、フランスの偉《えら》い人ですからね。

里村　そこが理想型《りそうけい》になるわけですか。

ピケティ守護霊　いや、それはそうでしょう。神様は、もう、「人類は百人もいればいい」と思ってるのに違いないしだから。

ジャン・ジャック・ルソー（1712 ～ 1778）
フランスの啓蒙思想家。人間の平等と国民主権を主張し、人間の自然的な善性を重視した教育論を展開した。主著『社会契約論』『エミール』等。

里村　確かに、「貧しさの平等」が実現してくると、結果的に、自然に口減《くちべ》らしが増えてきます。おそらく、人口は増えないでしょう。

ピケティ守護霊　だから、お金が増えたら、人口は増える。爆発《ばくはつ》的に増えてたでしょう？　十九世紀ぐらいから、産業革命の結果。あなたがたは一方的に肯定《こうてい》してるけど、生産性が向上して、富が生まれ、そして、商品や製品、食糧《しょくりょう》が増産されることで、大勢の人類が生きられるようになった。この百年、二百年の流れね。

二百年ぐらいはそういう流れだけど、これは新たな「格差問題」や「善悪の問題」をたくさん生んで、次の〝人類堕落《だらく》への種〟をたくさんまいてるわけよ。

「お金が多いことが幸せだ」と考えること自体が間違《まちが》い？

里村　私どもは、「幸福実現党」というかたちで政治運動もやっています。

そのなかで、「社会福祉《ふくし》や貧困の問題は、結果的には、経済成長率を上げることで解決する」、つまり、「富のパイを増やすことで解決する」と考えていますけれども、今のお話をお伺《うかが》いすると、そうではないということでしょうか？

ピケティ守護霊　その考えはねえ、バアル信仰《しんこう》ね。

里村　バアル信仰ですか。

ピケティ守護霊　うん。バアル信仰ね。ヤハウェに退治されなければいけない。バアル信仰ね。

里村　いや、別に、お金を信仰するわけではないんです（苦笑）。それによって、みんながですね……。

●バアル信仰　古代の中東などで流行していた唯物的で拝金主義的な信仰。バアルは、悪魔ベルゼベフ（ベリアル）と同一とされる。『旧約聖書』には、「ヤハウェのみを神とすべき」と説いた預言者エリヤが、バアルの預言者たちと対決し、勝利したことが書かれている。

ピケティ守護霊　お金を信仰してるよ。

里村　いや、毎日のご飯に、パンに困ることがない生活ができるということです。

ピケティ守護霊　いや、あなたが病気しないためには、一日三食を二食に減らし、一食に減らす。そうすることによって、あなたは健康に生きられる。

里村　はい。私はそうかもしれませんけれども（苦笑）、日本人のトータルの幸せを考えたときに、今は日本も「貧困」、「格差」、「社会福祉」が重大な問題とされているんです。

ピケティ守護霊　だから、「お金が多いことが幸せだ」と考えること自体が間違《まちが》いなんだ。お金はないけども、毎日を人間らしく生きられることが幸せなわけよ。

里村　いや、お金というか、きちんと、食べる物を食べられず、飲めなくて、人間らしい生活というのは実現するのでしょうか。

ピケティ守護霊　いやあ、それが、「清貧《せいひん》の思想」じゃないかな。

里村　清貧の思想？

ピケティ守護霊　うーん。学者は、基本的に、そういうなかで神様の側近《そばちか》くに勤めているわけよ。

綾織　あなたは、でも、清貧ではないですよね？

ピケティ守護霊　いや、私はね、特に〝選ばれし者〟だから、しかたがないのよ。

綾織　なるほど。その格差はいいんですか。

ピケティ守護霊　だから、私の本が売れたっていうのはねえ、全世界で〝悪魔《あくま》に侵《おか》されていた人々〟が、〝神の救いの声〟を聞いて、「これが本物だ」とみんなが言ったために支持されたわけで。お金というよりは、政治的な投票が集まったのが、私の本の人気なわけよ。

「資本主義というのは〝バアル信仰《しんこう》の現代的復活〟」

綾織　先ほど、「バアル信仰《しんこう》」に対置するものとして、「ヤハウェ」という言葉が出ましたけれども、あなたが信じていらっしゃるのは、ヤハウェなんですか。

●ヤハウェ　ユダヤ教徒等の聖典『旧約聖書』における唯一神の名とされており、「ヤハヴェ」「ヤーヴェ」とも言われる。

ピケティ守護霊　まあ、それはよくは知らないけど、「バアル信仰は悪いもんだ」って聞いてるからそうだろう。だから……。

綾織　ヤハウェを信じている？

ピケティ守護霊　あれ（バアル神）は、たぶん、地中海貿易で、たらふく儲《もう》けた商人たちが信仰をしてた神よ。間違いない。だけど、砂漠《さばく》の民《たみ》たちは貧しくて、そんなに富んでなかったのよ。

だから、あれは「富める者　対　貧しい者」の戦いで、貧しい者の神がヤハウェで、富める者の神がバアルだったわけ。

綾織　ああ……。

ピケティ守護霊　だから、「富める者の神」は悪い神だから、焼き滅《ほろ》ぼす必要があった。

綾織　なるほど。ヤハウェは〝いい神様〟ですね？

ピケティ守護霊　そうなのよ。「貧しい者を慰《なぐさ》める神」だった。

里村　ほお……。

ピケティ守護霊　で、善悪だけを問題にして、悪なる行為《こうい》をしたら、天罰《てんばつ》を下し、いい行為をしたら、ほめてくださると。まあ、そういうことかな。

綾織　うーん……。勤勉に働いて豊かになるのは、もう神が罰するものだと。

ピケティ守護霊　それは、もうヤハウェ信仰からバアル信仰に移行をすることで、資本主義っていうのは〝バアル信仰の現代的復活〟なわけよ。

里村　一部、そういう部分があるのは分かります。「欲得資本主義」というものですね。

ピケティ守護霊　だから、きっとねえ、アダム・スミスが〝バアルの神の生まれ変わり〟だ。

里村　いや、そこについては、いろいろと議論はあるんですけども。

8 「日本はすでに〝最終ユートピア〟」

ピケティ守護霊が考える「人間が幸福になるための条件」とは

里村　今、実際に、日本においても、「もっと仕事をよこせ」とか、「賃上げしろ」とかいう声や、デモもあります。そうした日本の貧困問題、格差問題、あるいは、社会福祉《ふくし》や社会保障を求める声を、ピケティ教授の守護霊様だったら、どのように解決されますか？

ピケティ守護霊　日本に貧困なんて、どこにあるの？

里村　そうなんですよね。

ピケティ守護霊　ないんじゃない？

里村　はい。

ピケティ守護霊　だって、乞食《こじき》いないじゃん。まったくいない。ねえ？

里村　ええ、一部の……。

ピケティ守護霊　平日から、都市部に、みんな、どこからお金が出てくるか知らないけど、月曜日から金曜日まで、渋谷《しぶや》、新宿《しんじゅく》、銀座《ぎんざ》、もう人の波じゃない。これ、どうして、こういう人たちが存在できるのか分からない。

里村　そもそも、「日本には、貧困問題も格差問題もないじゃないか」ということですね？

ピケティ守護霊　うーん。ないんじゃない？

里村　確かに、その部分については、「あまりにも、日本人は貧困問題を煽《あお》りすぎている」と私たちも思うんですよ。

ピケティ守護霊　だから、それを言ってるのがマスコミの攻撃《こうげき》なんだろうけど、実は、マスコミの人たちが〝上流階級〟なんでしょう？

里村　はい。

ピケティ守護霊　だから、自分たちに批判が向かないように、ほかのところに批判を向けてるんでしょう?

里村　ええ。

ピケティ守護霊　だから、一般《いっぱん》国民は、マスコミの人の五分の一ぐらいしか収入がないのよ、たぶんね。

里村　（苦笑）そうすると、ピケティ教授から見ると、本当は貧困問題がない日本は、やはり今、一つの理想型が実現しているということですか?

ピケティ守護霊　うーん。だから、富を破壊《はかい》して、そういう貴族階級や支配階級を破壊させるには、やっぱり、「戦争で負けることが大事」ですね。戦争で負けると全部破壊されるから、平等社会は、そこに生まれるね。

だから、戦争に負けるか、大恐慌《だいきょうこう》が起きるか。これが、「人間が幸福になるための条件」ね。

里村　つまり、低いところで均《なら》されて、平気になっている日本は、もっと低い意味での「貧困問題がない」ということですね？

ピケティ守護霊　だから、あまりにも恵《めぐ》まれてる人を見ると、みんな嫉妬《しっと》してやっかんで、心が苦しくて、何とか這《は》い上がりたくなるから。そういう人を消してしまえば、みんなが〝平等〟になって〝幸福〟になれるわけよ。

祝福の心を持ち、成功を目指して努力するのは「くたびれる」

里村　いや、われわれは、その逆だと思うのです。成功している人を見たら、祝福の心を持って、「自分もあのようになろう」と努力していくことが大事だと思います。

ピケティ守護霊　いや、それ、くたびれるよ。

里村　ええっ？

ピケティ守護霊　くたびれる。

里村　くたびれる？（苦笑）

綾織　なるほど。それこそ、単に「楽をしたい」というだけではないですか（苦笑）。

ピケティ守護霊　いや、そんなことはないよ。ラテン世界では、二時間の昼寝《ひるね》が取れるかどうかが、幸福のもとだからね。

里村　そうなんでしょうか。けっこう典型的なラテン社会の考え方から来ているんですね。

ピケティ守護霊　うん、うん。そうなのよ。そうなのよ。

里村　そうすると、「祝福の心を持って、成功を目指して努力していく」ということ自体が、もう……。

ピケティ守護霊　それは、「プロテスタント」の考えだから。

綾織　うーん。

ピケティ守護霊　やつらは、教会が金を集めるシステムをつくり上げたわけよ。教会が、どうやったら金を集めて、牧師の生活を立てられて、さらに大きな大教会を建てられるかを考えたら、みんなにはもっと働かせて、金儲《かねもう》けに精進《しょうじん》させて、罪悪感を持たせて、「天国に行けんぞ。その分を教会に入れたら、君は天国に行けるぞ」と脅《おど》して、そして、彼らのそういう世界をつくったわけよね。

綾織　でも、カトリックも、教会を建てるためには、ある程度、お金を頂いていますから、同じですよね。

マルチン・ルター（1483～1546）
ドイツの宗教改革の創始者。カトリック教会側が当時発行していた免罪符《めんざいふ》に対し「九十五箇条《かじょう》の論題」を突《つ》きつけ、プロテスタント教会の源流をつくった。また、『聖書』をドイツ語に翻訳《ほんやく》し、近代ドイツ語の成立にも貢献《こうけん》した。

ピケティ守護霊　うん。だから、それを批判したルターらが、そういう道に結局は進んだっていうことは、彼らは〝詐欺師《さぎし》〟だということだよ。ね？

綾織　うーん。

「私がフランスに生まれたジーザス・クライスト」

里村　今日は、図《はか》らずも、「原始に帰れ」とか、農村社会の理想型などのお話をお聞きしました。

ピケティ守護霊　そうよ。

里村　あるいは、キリスト教、主《おも》に新教のほうに対する批判だったのですけれども、なぜ、そこが出てくるのでしょうか。

ピケティ守護霊　うん？

里村　王侯《おうこう》貴族に対する「憎《にく》しみ」のようなものが、すごく出ているなと……。

ピケティ守護霊　別に、「憎しみ」は感じてないよ。私は、自分自身が〝現代の神の代理人〟だと思ってるからね。

里村　神の代理人……。

ピケティ守護霊　うん。私は、神の心を体現して現れた……。

綾織　その言葉を投げかけてくる神様というのは、どなたですか。

ピケティ守護霊　うん？

里村　どんな神様でしょうか。

綾織　あなたは、代理人として、何か言葉やアドバイスを受けているわけですよね？

ピケティ守護霊　だから、私が、フランスに生まれたジーザス・クライストなんじゃないかな。

立木　では、「父」はどなたになるのですか。

ピケティ守護霊　一緒《いっしょ》なんじゃないの？　うん？　一緒じゃないの？　違《ちが》うの？

立木　「キリストの父」に当たる方がいらっしゃるのでしょうか。

ピケティ守護霊　ええ？　「父」？

立木　ピケティ教授の守護霊様の「父」に当たる方は……。

ピケティ守護霊　父、父、父……。父は見たことない。

綾織　見たことない？

ピケティ守護霊　うん。

里村　では、ジーザス・クライスト、イエス様は信仰《しんこう》されるわけですか。

ピケティ守護霊　うん。だから、私はイエスの考えを、経済学という世界で書き換《か》えただけで、これ、現代の『聖書』ね？　だから、この『キャピタル』（『21世紀の資本』の原題は『Le capital au XXIe siècle』）を読んだら、みんな『聖書』に戻《もど》れて幸福になれるよ。

綾織　先ほどは、イエス様よりも、何となく、ヤハウェを信じているようにも聞こえたのですけれども。

ピケティ守護霊　いやあ、イエスはヤハウェを信じてたかもしれないから、そうだ。

ユダヤの神はヤハウェだから、イエスの神はヤハウェだから……。

綾織　ヤハウェのほうですか。

ピケティ守護霊　だから、イエスはそう信じてたかもしれないけど、キリスト教徒は、イエスも主だし、イエスの主も主だから、主は主で、だから、ヤハウェはイエスになってる。

平等化原理が働くシステムをつくれば暴力革命はなくなる？

里村　先ほどから、「戦争に負けることはいい」とか、あるいは、「大恐慌によって破壊されることもいい」などというような話がありましたけれども、そうすると、現代社会にもっと破壊がもたらされるべきだとお考えなのでしょうか。

ピケティ守護霊　ヤハウェは、その何て言うか、バベルの神殿《しんでん》みたいなのを、嫉妬して壊《こわ》す方ですから、ヤハウェがニューヨークを見たら、「ニューヨークの摩天楼《まてんろう》は壊す」でしょうね。

綾織　「繁栄《はんえい》を嫉妬して、壊していかなければならない」というお考えなのですね？

ピケティ守護霊　うーん……。いやあ、それはマモンの神に仕えること。だから、バアル信仰に行くから、そうしないようにするためには、常に「平等化原理」が働かなきゃいけなくて、平等化原理が常に働くようなシステムをつくれば、大勢の人

ニューヨークには、高さ150メートル以上の超高層ビル（摩天楼）が200棟以上も立ち並んでいる。特にマンハッタン島には、エンパイアステートビル（443メートル）やロックフェラーセンターなど、世界的に有名なビルが数多く存在する。

バベルの塔は、旧約聖書の「創世記」に登場する巨大な塔。天にまで届く塔を建てようとした人類は神の怒りを買い、お互いの言語が通じなくなったとされる。

をギロチンにかけるような「暴力革命」は必要でなくなるから。

立木　そのような制約をかけ、抑圧《よくあつ》するなかで、大勢の人がどんどん死んでいくことになると思いますけれども。

里村　そう！　そうなんです。ピケティ教授のお話では、ギロチン台に上げる前に、すでに人を潰《つぶ》しているんですよ。潰すことになってしまうんです。

ピケティ守護霊　いやあ、それは一部の資本家だから。

里村　それは、中国や旧ソ連で起きたことなんですよ。

ピケティ守護霊　うーん。

「〝最終ユートピア〟に入った日本には大崩壊《だいほうかい》がやってくる」

里村　私たちは、例えば、再分配という方法ではなく、資本主義のなかに、「一人ひとりの魂《たましい》の向上」という観点を入れることで、そういうことはなくなると考えています。つまり、貧困からの解放や救済ということは、決して、国の強制力などによるものではなく、一人ひとりが自分の魂の向上も含《ふく》めて努力するなかで、解決していくと考えているのです。

ピケティ守護霊　日本は、そういう意味では優等生よ。平等にして豊か。「ある程度、みんなを豊かにして、平等の社会」っていうのは、地上では出現したことはなくて、あるとしたら、日本だけで出現したかもしれないので。

里村　いや、まだまだ日本も、それほど優等生ではないと思います。

ピケティ守護霊　いやあ、優等生なんじゃないの？　君。

里村　いえ。

ピケティ守護霊　みんなスーツを着てネクタイして、君らが上流階級か、中流階級か、下流階級か、見てもさっぱり分からないから。

里村　いや、今日は、あなた様に会うから、こういう格好をしているのですけれども。

ピケティ守護霊　だから、君らは銀座だって歩ける。金持ちが銀座を歩くわけじゃなくて、君らでも歩けて、金持ちも歩ける。

里村　はい（笑）。歩くだけなら、誰《だれ》でも歩けます。

ピケティ守護霊　平等で、泥棒《どろぼう》も出てこない。すごくいい社会で、日本は、今、もう〝最終ユートピア〟に入ってるから、これでユートピアが終わって、そのあとに、何と言うのかな、キリストが再臨して、世界を滅亡《めつぼう》に導くのよ、きっと。

里村　教授の守護霊から、日本がユートピアのように言われると、すごく不安になってきます（苦笑）。それは、皮肉《ひにく》っているのですか。

ピケティ守護霊　日本のユートピアは〝最終ユートピア〟だから、次はもう「崩壊《ほうかい》が来る」のよ。

綾織　崩壊が来るわけですね。

ピケティ守護霊　君たちは、もう、ユートピアを味わったから。ユートピアを味わった最後の人類だから。

綾織　今が〝まずい状態〟であるというのは分かります。

ピケティ守護霊　これからまもなく大崩壊がやってきて、中国や北朝鮮《きたちょうせん》や、そういう人たちが、あなたがたを、もう一回、荒廃《こうはい》の……、何？　戦後の、何て言うの？　焼け跡《あと》？

綾織　はい。

ピケティ守護霊　もう一回、焼け跡に戻してくれて、それからもう一回、それを立て直す、この成長の幸福を味わわせてくれるわけよ。そして、平等のユートピアをつくるところを、もう一回やらせてくれるから、いい。

綾織　非常に危険な状態ということは、よく分かりました。

9　ピケティとマルクスとの〝深い関係〟

マルクスの霊《れい》と話をすることはあるのか

綾織　少し気になる点がありまして、マルクスご自身は、後《のち》に唯物論者《ゆいぶつろんしゃ》にはなったのですが、もともとはユダヤ教徒でした。マルクスとはどのような関係にありますか。

ピケティ守護霊　まあ、（マルクスは）ドイツ人だからねえ。ユダヤ系とはいえ、ドイツ人だから。ドイツ人はあんまり信用してはいけないね。

綾織　ご自身とは関係はないですか。

ピケティ守護霊　ドイツ人はねえ、だいたいケチだろ？　ドイツ人はケチ。ドイツ人は時間に縛《しば》られている。ドイツ人は、君らが言ったような、勤勉が美徳だと思ってるようなところがある。

綾織　魂《たましい》として……。

ピケティ守護霊　うん？　うん？

綾織　魂として、何かお話をされたりとか……。

ピケティ守護霊　マルクスと？

綾織　はい。お話しされていますか。

ピケティ守護霊　うーん……。マルクスねえ。「マルクスとマルクス主義は違《ちが》う」と、マルクスも言っているから。マルクス主義は〝利用された主義〟であって、マルクス自身は自分の考えを述べただけで。私と一緒《いっしょ》のように、学者みたいに述べただけ。

で、私のピケティ主義を使って、いろんな政治や経済で、いろんなことをする人が出てくれば、そんな運動で、「マルクス主義」が「ピケティ主義」に代わるかもしれないとは……。

綾織　ああ、なるほど。

里村　そのように、マルクスはおっしゃっている？

ピケティ守護霊　いやあ、「おっしゃっている」という意味が、よく分からない。

里村　いや、ですから、ピケティ教授の守護霊様は、日常で、そのようにマルクスと話をすることがあるということですか。

ピケティ守護霊　そんなん、君……。

里村　意味が分からないでしょうか。

ピケティ守護霊　君、精神分析《ぶんせき》を受けたほうがいいと思うな。何を言ってるか、さっぱり分かんない……。

里村　そうですか。すみません。やはり、キリスト教社会の方には分かりにくい話ですね。

要するに、天国、つまり、この地上ではないところでマルクスと会って、今のような話をされることがありますか。

ピケティ守護霊　君、やっぱり、病院に行ったほうがいいと思う。

綾織　夢のなかでもよいのですが。

ピケティ守護霊　うーん、君、病院に行ったほうが……。日本の病院は信頼《しんらい》できるよ。君ねえ、革でこう手足を縛って、動けないようにして、ときどき電気ショックを与《あた》えると、頭がまともに動く。

里村　はい（苦笑）。分かりました。

「私は神が考えるべきことを代わりに書いただけ」

綾織　「マルクス主義」に代わるものとして、「ピケティ主義」があるわけですね？

ピケティ守護霊　いや、「代わるもの」って、私は（マルクスの本は）読んでないから分からないですけども。

綾織　読まなくても分かるのではないですか。

ピケティ守護霊　いや、私は、「世間《せけん》」を読んだだけ。世間の様子を見て、神が考えるべきことを、私は代わりに書いただけですから。

綾織　なるほど。もう、自分の心のなかに、マルクス主義がしっかりとあるということですか。

ピケティ守護霊　いや、そんなことはない。

綾織　読む必要もないと。

ピケティ守護霊　マルクスが説いたから「マルクス主義」ができたんじゃなくて、マルクスのもとには「キリスト教」があり、キリスト教のもとなる「古代ユダヤ教」があるわけで、神々が長らく預言者を通じて宣《の》べ伝えてきた思想を、現代的に翻訳《ほんやく》しているだけ。それを「十九世紀に翻訳したか」、「二十一世紀に翻訳したか」の違いだけでね。

綾織　ああ、なるほど。〝同じもの〟が出てきているということですか。

ピケティ守護霊　同じかどうか、私は知らない。

綾織　その時代に合わせたものが出てきて……。

ピケティ守護霊　うんうん。マルクスは知らないので、そんなに。

ピケティ教授の過去世《かこぜ》は、マルクスを援助《えんじょ》したあの人物？

里村　私は今、ある人の名前が浮《う》かんだんですけれども、マルクスの盟友《めいゆう》であり、裕福《ゆうふく》でマルクスを助けた、エンゲルスという方がいます。

ピケティ守護霊　ああ、そうだね。いるね。

里村　何か思いは……。

ピケティ守護霊　うん、まあ、それには、ちょっと〝感じるもの〟があるな。

綾織　ああ……。

里村　ありますよね。そうですよね。

ピケティ守護霊　何か感じる。

里村　ええ。要するに、マルクスが死んだあとに、『資本論』等を完成させてきた方です。もともと裕福だったので、マルクスを助け、その死後、理論の完成を助けました。

ピケティ守護霊　うん、うん。うん。何かいいところを、君、見つけたなあ。

里村　いや、私も、エンゲルス様はどこに行っているのかなと思って……。

ピケティ守護霊　ここにいるのよ。

里村　そうですか。

綾織　少しお伺《うかが》いしたいのですけれども、あなたご自身は、「地獄《じごく》」という世界を経験されたのでしょうか。

フリードリヒ・エンゲルス（1820 〜 1895）
ドイツの経済学者、社会主義者。マルクスの遺稿をもとに『資本論』を完成させるなど、国際的な労働運動の指導者として知られる。
主著『家族・私有財産・国家の起源』等。

ピケティ守護霊　ええ？　私は、〝知恵《ちえ》の木の実《こ》〟をもぎ取って食べたりはしてないから。自分で、〝知恵の木の実〟をつくるほう……、生産していたほうだからね。

お金持ちは潰《つぶ》したほうがいいがパトロンは必要？

綾織　先ほど、「企業家《きぎょうか》のことが分からない」とか、「お金持ちは潰《つぶ》したほうがいい」などとおっしゃっていましたけれども、エンゲルスさんご自身がお金持ちで、マルクスのパトロンだったわけですよね？

ピケティ守護霊　うん。そうそうそうそう。

綾織　ですから、マルクスはお金持ちが存在しないと、ご自身の言論活動ができなかった……。

ピケティ守護霊　いや、それはフランスの伝統には、もう実にふさわしいね。フランスの芸術家はみんな、パトロンを持ってたよね。

里村　はい。

ピケティ守護霊　パトロンなくして、芸術は花開かない……。学問にもパトロンは要《い》るね。

綾織　でも、今まで、あなたが述べられたお考えは、「パトロンをすべて潰しましょう」ということですよね?

ピケティ守護霊　うーん……、いやあ、そらねえ、「パトロンを潰そう」というか、

〝いいパトロン〟もいるわけよ。いいパトロンと悪いパトロン……、パ、パ、パトロンじゃない。悪いやつは悪い。

里村　ただ、世界中どこでも、富裕階層に生まれると、だいたい共産主義者になるとか、現代で言えば、ピケティ理論のほうに……。

ピケティ守護霊　だから、「芸術家」と「学者」にはパトロンが必要なのよ。

里村　なるほど。

ピケティ守護霊　「学者」も一緒で、食べていけないから。難しいことを書けば売れないから、普通《ふつう》はね。だから、私みたいに才能がある人は珍《めずら》しいわけで、普通は、こんなものを書いても売れないからね。

里村　なるほど……。

ピケティ守護霊　世界中で売れるっていうのは、やっぱり、神様に愛されているんだろうとは思うが。

里村　そうすると、十九世紀に書かれた『資本論』の現代版に当たるものが、間違いなく、この『21世紀の資本』であるということですか。

ピケティ守護霊　マルクスも、生前はそんなに影響力《えいきょう》がなかったんでね。だから、やっぱり私が援助《えんじょ》しつつ、あと、マルクス以後、これがちゃんと広がるように整えたからね。私が金を出さなきゃ、本は出なかったんでね。

里村　分かりました。

ピケティ守護霊　やっぱり、私も少し、金儲《かねもう》けは分かるのかなあ。

「プロテスタントの国の繁栄《はんえい》」を認められないピケティ守護霊

綾織　あなたはドイツを潰すこと、ヨーロッパが没落《ぼつらく》していくことを目指しているのですか。

ピケティ守護霊　「ドイツを潰すことを私が目指しているか」って言うか、うーん……。やっぱり、プロテスタントの国が、経済学的に上にいるのは納得《なっとく》いかないから。

里村　それを言えば、ドイツだけではなく、「アメリカの没落」も考えないといけないのですね。

ピケティ守護霊　もちろんそうだね。アメリカの富を、もう一回、フランスに戻《もど》さないといけない。

里村　といいますか、やはり、現代文明の繁栄《はんえい》の部分を壊《こわ》していっている……。

ピケティ守護霊　自由の女神は、フランスから行ってるんで。

里村　はい。

ピケティ守護霊　ねえ？　だから、アメリカをそれで繁栄させてはいけない。それは裏切りだから、アメリカは懺悔《ざんげ》して、富をフランスに還元《かんげん》しなくてはいけない。

里村　ああ、分かりました。

ピケティ守護霊　うん。うん。

「私の本が現代の『聖書《せいしょ》』だと『ザ・リバティ』に書くように」

里村　（ほかの質問者に）もうよろしいですか。はい。

今日は、図らずも、ご自身の魂の秘密まで聞かせていただきました。ピケティ理論……。

ピケティ守護霊　だから、私がジーザス・クライストの代理だって、よく分かったでしょ？

里村　はい。ある意味で、分かりました。

ピケティ守護霊　うん。うん。

里村　私たちは、今後もピケティ教授の話を、注意深く聞いていきたいと思います。

ピケティ守護霊　うん。だから、しっかりしっかり、私の本を読んで、英訳本もあるし、フランス語を頑張《がんば》る人は、フランス語でも読んだら。現代の『聖書《せいしょ》』だというふうに、次の「リバティ」には書くようにね？

里村　「ザ・リバティ」をお読みくだされば、たぶん、よろしいと思います（笑）。

綾織　それを読んでもらえるようにします。

里村　はい。今日は、お疲《つか》れのところ長時間にわたり、本当にありがとうございました。

ピケティ守護霊　はい。勉強になったかな？

里村　はい、なりました。

ピケティ守護霊　私を呼ぶには金がかかるのだよ、本当は。だけど、私は〝神の寛《かん》容《よう》さ〟によって、君たちにタダでレクチャーしたんだな。

里村　はい。ありがとうございました。

ピケティ守護霊　分かるかな?

里村　はい。本霊言を本にし、しっかりと売ってまいります。

ピケティ守護霊　うん。うん、うん、うん。

質問者一同　ありがとうございました。

10　ピケティ守護霊の霊言《れいげん》を終えて

「マルクス主義の復活」には、気をつけなくてはいけない

大川隆法　（手を三回叩《たた》く）はい。本筋《ほんすじ》は、だいたいは見えましたね（苦笑）。やはり、「マルクス主義の復活」であったことは間違《まちが》いないでしょう。これは、しばらく、〝妖怪《ようかい》〟になって世界で暴《あば》れると思います。

そもそも、マルクスの理論で言えば、資本主義は恐慌《きょうこう》で終わりを迎《むか》えることになっているので、二〇〇八年のリーマン・ショックで資本主義は終わらせたかったでしょうね。

ただ、終わり切らなかったために、ピケティの『21世紀の資本』を出して、もう一度、とどめを刺《さ》しにきたというところでしょうか。

里村　はい。

綾織　マルクスからも、何かインスピレーションを受けているのでしょうか。

大川隆法　まあ、マルクスは、無間地獄《むけんじごく》で、繭《まゆ》のようなもののなかに入っていましたから……（『マルクス・毛沢東《もうたくとう》のスピリチュアル・メッセージ』〔幸福の科学出版刊〕参照）。

綾織・里村　はい。

大川隆法　一方、「エンゲルスが転生《てんしょう》できた」というのは、どういうことなのでしょう。少しは、「施《ほどこ》しの

共産主義の理想を謳《うた》ったマルクスの霊と対話する。『マルクス・毛沢東のスピリチュアル・メッセージ』（幸福の科学出版刊）

精神」等があったのでしょうか。

里村　はい。主犯格からすると若干《じゃっかん》軽い、従犯《じゅうはん》くらいの扱《あつか》いなのかもしれません（苦笑）。

大川隆法　よくは分かりませんが、何か違《ちが》うのでしょうね。

ただ、旧ソ連や中国等で起きた悲惨《ひさん》な部分が、情報公開されていないままで、うやむやになっています。それを知らない若い世代たちに、また同じ理論が、もう一度、植えつけられようとしているので、このあたりは気をつけないといけないところでしょう。

しかも、（ピケティの守護霊は）経済学に、「勤勉の精神」のような道徳的なものを入れることは、徹底的《てってい》に拒否《きょひ》しようとしていました。

里村　はい。

大川隆法　ただ、プロテスタンティズムだけではなくて、日本にもそうした「資本主義の精神」はきちんとあるのです。

例えば、「二宮尊徳《にのみやそんとく》精神」もあれば、石田梅岩《いしだばいがん》の「心学《しんがく》の精神」もあります。もっと昔で言えば、奈良《なら》時代の僧《そう》の行基《ぎょうき》あたりにも、「資本主義の精神」は、きちんと仏教と共存していました。やはり、そのような精神を完全に捨てるわけにはいかないと思います。

二宮尊徳の霊に「資本主義の精神」について聞く。
『富国創造論――公開霊言　二宮尊徳・渋沢栄一・上杉鷹山――』
（幸福の科学出版刊）

弱者を本当に救済するための「豊かさの思想」とは。
『石田梅岩の庶民繁栄術』
（幸福の科学出版刊）

復興させないようにしているかのような「福島についての報道」

大川隆法　やはり、「結果平等の世界」は、結局、「一人一票の世界」と同じものがあることはあるので、これからは逃《のが》れられないのですよ。

里村　はい。

大川隆法　民主主義というのは、半分ぐらい、「結果平等」から絶対に逃れられないようになってはいるので、どうしてもそちらにおもねる政策を取るほうが勝つことになります。つまり、「保守も左翼《さよく》もありゃしない」というところが実はあるわけですね。自民党と共産党がそんなに違わないことを言い始めることができるんですよ。

里村　なるほど。

大川隆法　そういう意味では、幸福実現党は〝浮《う》いて〟いるかもしれません。おそらく、今回の選挙（二〇一六年七月十日投開票の第二十四回参議院議員選挙）でも、自民党・公明党の政策と民進党の政策は、かなり似通《にかよ》ってくると思います。

実は、民進党を潰《つぶ》して勝たせないようにするために、「社会福祉《ふくし》」や「児童手当」、「教育政策」や「保育所の設置」といった、民進党が取りたがる政策を、自民党がワーッと強く言うのです。そうすると、民進党は要《い》らなくなるわけですね。

ほかにも、「結婚《けっこん》したら十八万円を支援《しえん》する」というような政策も出ているので、至れり尽《つ》くせりではあるでしょう（笑）。

要するに、「ゆりかごから墓場《はかば》まで」という、かつてイギリスを潰した思想が、もう一回、甦《よみがえ》ろうとしている感じはしますね。

われわれが言うことには少し〝厳しい〟ところがあるので、あまり票にはならないかもしれませんし、聞いてくれないかもしれません。

ただ、「病気から回復しようとするなら、リハビリはちょっと厳しいですよ。厳しいけれども、それをやらなければ、社会復帰はできないし、一人前に戻《もど》れません。寝《ね》てばかりいたら、体は悪くなりますよ。寝たままで管《くだ》を差し込《こ》んで、点滴《てんてき》ばかりしてよくなると思っているのは間違っています。やはり、救急処置として、ある程度のところはやらなければいけないかもしれませんが、それを過ぎたら自力で回復して、リハビリをして、社会復帰しなければいけませんよ」ということですね。

これは福島などにも言えることでしょう。「もう社会復帰して、自立しなければいけません。いつまでも同情だけでやってはいけませんよ」ということです。ただ、もちろん、政治家は同情しているふりをすれば票が取れるので、そういうことを言うのかもしれません。

また、いつまでもしつこく「チェルノブイリ」と比較《ひかく》してもいて、テレビ朝日などは、最近、「これまでに五歳《さい》以下には見つからなかった甲状腺《こうじょうせん》ガンが、一人見つかりました」というようなことを〝うれしそうに〟報道していました。しかし、甲状腺ガンぐらいは自然に出てくるものでしょう。それを、一人見つかったぐらいで、鬼《おに》の首を取ったように言ったりしています。

そこまで、福島をチェルノブイリと同じにしたいのかどうかは分かりませんが、善をやっているつもりで、復興させずに、牢獄《ろうごく》に縛《しば》りつけようとしているように見えるのです。

里村　はああ……。

大川隆法　「『善を目指している』『正義を目指している』と思うものが、実は、そうではない場合もある」ということは、気をつけなければいけないところでしょうね。

里村　はい。
「ピケティ理論」の正否は生み出した果実を見て判断を

大川隆法　簡単には全体の支持を得られないかもしれませんが、やはり、私たちは私たちで、「正しい」と思うことは言い続けなければいけません。

里村　はい。

大川隆法　同じように言えば、「宗教は全部潰《つぶ》れる時代だ。危機の時代だ」ということになるのかもしれません。しかし、宗教にも、「勤勉な宗教」と、「そうではない宗教」があります。やはり、当会としては、「勤勉な宗教は、頑張《がんば》り続けているだけなのです」と言いたいところであって、別に、〝バアル信仰《しんこう》〟をしているわけではないのです。

里村　はい。勤勉に訴《うった》え続けてまいります。

大川隆法　ただ、なかなか、〝金をばら撒《ま》くところ〟には勝てません（笑）。やはり、しっかりと国民を啓蒙《けいもう》するしかないでしょう。

要するに、「資本家からお金を取って撒けばいい。そうすれば、みんなが食っていける」というのは、「飢饉《ききん》のときの思想」か、あるいは、「漂流《ひょうりゅう》している者の思想」のようなものです。真《ま》っ当《とう》な生活をしている人の思想であってはならないと思います。そういうこともあるかもしれませんが、恒常的《こうじょう》にそうであってはいけないわけです。

（ピケティの書籍《しょせき》の上に手を置きながら）「心のなかに愛がある」ことを願いたいとは思いますけれども、やはり、「生み出した果実」を見て判断していかなければいけないでしょう。

質問者一同　ありがとうございました。

あとがき

経営者として成功したことのない人の経済理論は、あまり信用しないほうがよい。資料や数値を多用して、一定《いってい》のドグマを押しつけようとする学者の見解には用心《ようじん》したほうがよかろう。

今回の霊言によって、ピケティ教授が、二〇〇八年のリーマンショック（大不況《だいふきょう》）によってもとどめを刺《さ》せなかった資本主義に、引導《いんどう》を渡《わた》そうとしているのがよくわかる。

本書のもう一つの特色は、宗教思想と経済思想の近接性《きんせつせい》である。この裏側のカラクリが、ここまで見事に説き明かされたことはなかったのではないか。この点、非常に勉強になる。

本書をもって、二〇一〇年二月以降再開した公開霊言シリーズの発刊点数（書店売り）が、四百書となる。道のりは、まだまだ遠いが、新しいジャンルを開拓《かいたく》してきた者として、かすかな喜びを感じている。

二〇一六年　七月八日

幸福《こうふく》の科学《かがく》グループ創始者兼総裁《そうししゃけんそうさい》　大川隆法《おおかわりゅうほう》

『現代の貧困をどう解決すべきか　トマ・ピケティの守護霊を直撃する』

大川隆法著作関連書籍

『幸福学概論』（幸福の科学出版刊）
『資本主義の未来』（同右）
『マルクス・毛沢東のスピリチュアル・メッセージ』（同右）
『マックス・ウェーバー「職業としての学問」「職業としての政治」を語る』（同右）
『富国創造論――公開霊言　二宮尊徳・渋沢栄一・上杉鷹山――』（同右）
『石田梅岩の庶民繁栄術』（同右）
『赤い皇帝　スターリンの霊言』（同右）

現代《げんだい》の貧困《ひんこん》をどう解決《かいけつ》すべきか
トマ・ピケティの守護霊《しゅごれい》を直撃《ちょくげき》する

2016年7月16日　初版第1刷

著　者　大《おお》川《かわ》隆《りゅう》法《ほう》

発行所　幸福の科学出版株式会社
〒107-0052 東京都港区赤坂2丁目10番14号
TEL(03)5573-7700
http://www.irhpress.co.jp/

印刷・製本　株式会社 堀内印刷所

ISBN978-4-86395-811-1 C0030

写真：bannosuke/Shutterstock.com ／ PHB.cz (Richard Semik)/Shutterstock.com ／ artjazz/Fotolia ／ GagliardiImages/Shutterstock.com ／ Eric Pouhier ／ アフロ／時事／ SPUTNIK/ 時事通信フォト／共同通信社／ Cpt.a.haddock ／ Grigvovan/Shutterstock.com ／ Vyzasatya

大川隆法 霊言シリーズ・自由に基づく経済学

アダム・スミス霊言による「新・国富論」

同時収録 鄧小平の霊言 改革開放の真実

国家の経済的発展を導いた、英国の経済学者と中国の政治家。霊界における境遇の明暗が、真の豊かさとは何かを克明に示す。

1,300円

ハイエク「新・隷属への道」

「自由の哲学」を考える

消費増税、特定秘密保護法、中国の覇権主義についてハイエクに問う。20世紀を代表する自由主義思想の巨人が天上界から「特別講義」!

1,400円

未来創造の経済学

公開霊言 ハイエク・ケインズ・シュンペーター

現代経済学の巨人である3名の霊人が、それぞれの視点で未来経済のあり方を語る。日本、そして世界に繁栄を生み出す、智慧の宝庫。

1,300円

※表示価格は本体価格(税別)です。

大川隆法霊言シリーズ・共産主義の本質に迫る

マルクス・毛沢東のスピリチュアル・メッセージ
衝撃の真実

共産主義の創唱者マルクスと中国の指導者・毛沢東。思想界の巨人としても世界に影響を与えた、彼らの死後の真価を問う。

1,500円

赤い皇帝 スターリンの霊言

旧ソ連の独裁者・スターリンは、戦中・戦後、そして現代の米露日中をどう見ているのか。共産主義の実態に迫り、戦勝国の「正義」を糺す一冊。

1,400円

共産主義批判の常識
日本共産党 志位委員長守護霊に直撃インタビュー

暴力革命の肯定と一党独裁、天皇制廃止、自衛隊は共産党軍へ――。共産党トップが考える、驚愕の「平等社会」とは。共産主義思想を徹底検証する。

1,400円

大川隆法霊言シリーズ・名経営者に学ぶ富の創造

逆転の経営術

豪華装丁
函入り

**守護霊インタビュー
ジャック・ウェルチ、
カルロス・ゴーン、ビル・ゲイツ**

会社再建の秘訣から、逆境の乗りこえ方、そして無限の富を創りだす方法まで——。世界のトップ経営者3人の守護霊が経営術の真髄を語る。

10,000円

公開霊言 スティーブ・ジョブズ 衝撃の復活

英語霊言
日本語訳付き

世界を変えたければ、シンプルであれ。そしてクレイジーであれ。その創造性によって世界を変えたジョブズ氏が、霊界からスペシャル・メッセージ。

2,700円

松下幸之助「事業成功の秘訣」を語る

デフレ不況に打ち克つ組織、「ネット社会における経営」の落とし穴など、景気や環境に左右されない事業成功の法則を「経営の神様」が伝授!

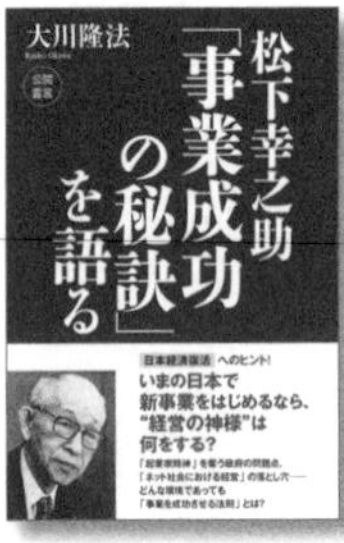

1,400円

未来産業のつくり方

公開霊言 豊田佐吉・盛田昭夫

夢の未来を、創りだせ——。日本経済発展を牽引したトヨタとソニーの創業者が、不況にあえぐ日本経済界を叱咤激励。

1,400円

※表示価格は本体価格(税別)です。

大川隆法霊言シリーズ・資本主義の精神とは何か

富国創造論

公開霊言 二宮尊徳・渋沢栄一・上杉鷹山

資本主義の精神を発揮し、近代日本を繁栄に導いた経済的偉人が集う。日本経済を立て直し、豊かさをもたらす叡智の数々。

1,500円

石田梅岩の庶民繁栄術

弱者救済への幸福論

国民に優しい国家は、国民を幸福にしない!? 江戸時代の心学者・石田梅岩が、現代人の精神的甘えを正し、自助努力に基づく繁栄精神を伝授する。

1,400円

財政再建論 山田方谷ならどうするか

「社会貢献なき者に、社会保障なし！」破綻寸前の備中松山藩を建て直し、大実業家・渋沢栄一にも影響を与えた「財政再建の神様」が政府を一喝。

1,400円

マックス・ウェーバー「職業としての学問」「職業としての政治」を語る

宗教と社会の関係を論じた大学者は、現代の学問や政治を、どう考えるのか？ 創始者本人が語る「社会学」の全体像とその真意。

1,500円

幸福の科学出版

大川隆法シリーズ・**最新刊**

生長の家 三代目
谷口雅宣の
スピリチュアル分析

初代とは真逆の政治思想を発信し、環境左翼化する「生長の家」——。現総裁の本心と、霊界から教団に影響を与えている"存在"の正体に迫る。

1,400円

生長の家 創始者
谷口雅春に政治思想の
「今」を問う

大東亜戦争、憲法と天皇制、保守思想と国家論……。従来の保守思想から大きく変質し、左傾化する現在の教団について、初代総裁の考えを訊く。

1,400円

未来へのイノベーション
新しい日本を創る幸福実現革命

経済の低迷、国防危機、反核平和運動……。「マスコミ全体主義」によって漂流する日本に、正しい価値観の樹立による「幸福への選択」を提言。

1,500円

大川隆法「法シリーズ」・最新刊

正義の法

法シリーズ
第22作

憎しみを超えて、愛を取れ

テロ事件、中東紛争、中国の軍拡――。
どうすれば世界から争いがなくなるのか。
あらゆる価値観の対立を超える
「正義」とは何か。
著者二千書目となる「法シリーズ」最新刊！

2,000円

第１章　神は沈黙していない――「学問的正義」を超える「真理」とは何か
第２章　宗教と唯物論の相克――人間の魂を設計したのは誰なのか
第３章　正しさからの発展――「正義」の観点から見た「政治と経済」
第４章　正義の原理
――「個人における正義」と「国家間における正義」の考え方
第５章　人類史の大転換――日本が世界のリーダーとなるために必要なこと
第６章　神の正義の樹立――今、世界に必要とされる「至高神」の教え

※表示価格は本体価格（税別）です。

大川隆法ベストセラーズ・地球レベルでの正しさを求めて

正義と繁栄

幸福実現革命を起こす時

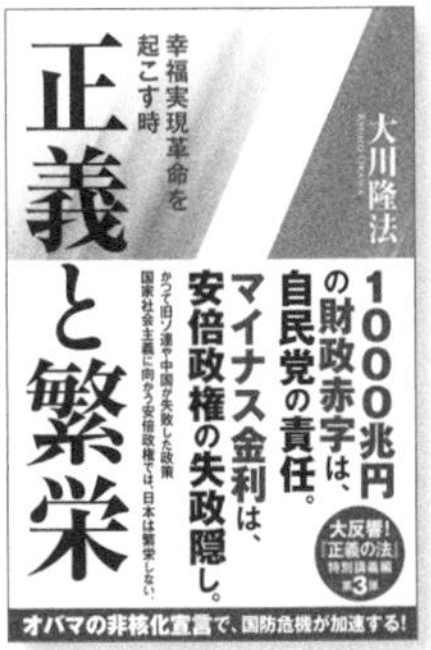

「マイナス金利」や「消費増税の先送り」は、安倍政権の失政隠しだった!?国家社会主義に向かう日本に警鐘を鳴らし、真の繁栄を実現する一書。

1,500円

世界を導く日本の正義

20年以上前から北朝鮮の危険性を指摘してきた著者が、抑止力としての日本の「核装備」を提言。日本が取るべき国防・経済の国家戦略を明示した一冊。

1,500円

現代の正義論

憲法、国防、税金、そして沖縄。
――『正義の法』特別講義編

国際政治と経済に今必要な「正義」とは――。北朝鮮の水爆実験、イスラムテロ、沖縄問題、マイナス金利など、時事問題に真正面から答えた一冊。

1,500円

幸福の科学グループのご案内

宗教、教育、政治、出版などの活動を通じて、地球的ユートピアの実現を目指しています。

幸福の科学

一九八六年に立宗。信仰の対象は、地球系霊団の最高大霊、主エル・カンターレ。世界百カ国以上の国々に信者を持ち、全人類救済という尊い使命のもと、信者は、「愛」と「悟り」と「ユートピア建設」の教えの実践、伝道に励んでいます。

（二〇一六年七月現在）

愛

幸福の科学の「愛」とは、与える愛です。これは、仏教の慈悲《じひ》や布施《ふせ》の精神と同じことです。信者は、仏法真理をお伝えすることを通して、多くの方に幸福な人生を送っていただくための活動に励んでいます。

悟り

「悟り」とは、自らが仏の子であることを知るということです。教学《きょうがく》や精神統一によって心を磨き、智慧《ちえ》を得て悩みを解決すると共に、天使・菩薩《ぼさつ》の境地を目指し、より多くの人を救える力を身につけていきます。

ユートピア建設

私たち人間は、地上に理想世界を建設するという尊い使命を持って生まれてきています。社会の悪を押しとどめ、善を推し進めるために、信者はさまざまな活動に積極的に参加しています。

国内外の世界で貧困や災害、心の病で苦しんでいる人々に対しては、現地メンバーや支援団体と連携して、物心両面にわたり、あらゆる手段で手を差し伸べています。

年間約３万人の自殺者を減らすため、全国各地で街頭キャンペーンを展開しています。

公式サイト **www.withyou-hs.net**

ヘレン・ケラーを理想として活動する、ハンディキャップを持つ方とボランティアの会です。視聴覚障害者、肢体不自由な方々に仏法真理を学んでいただくための、さまざまなサポートをしています。

公式サイト **www.helen-hs.net**

INFORMATION

お近くの精舎・支部・拠点など、お問い合わせは、こちらまで！

幸福の科学サービスセンター

TEL. 03-5793-1727 （受付時間 火〜金：10〜20時／土・日・祝日：10〜18時）

幸福の科学 公式サイト happy-science.jp

教育

学校法人 幸福の科学学園

学校法人 幸福の科学学園は、幸福の科学の教育理念のもとにつくられた教育機関です。人間にとって最も大切な宗教教育の導入を通じて精神性を高めながら、ユートピア建設に貢献する人材輩出を目指しています。

幸福の科学学園

中学校・高等学校（那須本校）
2010年4月開校・栃木県那須郡（男女共学・全寮制）
TEL **0287-75-7777**
公式サイト **happy-science.ac.jp**

関西中学校・高等学校（関西校）
2013年4月開校・滋賀県大津市（男女共学・寮及び通学）
TEL **077-573-7774**
公式サイト **kansai.happy-science.ac.jp**

仏法真理塾「サクセスNo.1」 TEL **03-5750-0747**（東京本校）
小・中・高校生が、信仰教育を基礎にしながら、「勉強も『心の修行』」と考えて学んでいます。

不登校児支援スクール「ネバー・マインド」 TEL **03-5750-1741**
心の面からのアプローチを重視して、不登校の子供たちを支援しています。
また、障害児支援の**「ユー・アー・エンゼル！」運動**も行っています。

エンゼルプランV TEL **03-5750-0757**
幼少時からの心の教育を大切にして、信仰をベースにした幼児教育を行っています。

シニア・プラン21 TEL **03-6384-0778**
希望に満ちた生涯現役人生のために、年齢を問わず、多くの方が学んでいます。

NPO 活動支援

学校からのいじめ追放を目指し、さまざまな社会提言をしています。また、各地でのシンポジウムや学校への啓発ポスター掲示等に取り組む一般財団法人「いじめから子供を守ろうネットワーク」を支援しています。

ブログ **blog.mamoro.org**
公式サイト **mamoro.org**
相談窓口 **TEL.03-5719-2170**

政治

幸福実現党

内《ない》憂《ゆう》外《がい》患《かん》の国難に立ち向かうべく、二〇〇九年五月に幸福実現党を立党しました。創立者である大川隆法党総裁の精神的指導のもと、宗教だけでは解決できない問題に取り組み、幸福を具体化するための力になっています。

幸福実現党 釈量子サイト
shaku-ryoko.net

Twitter
釈量子@shakuryoko
で検索

党の機関紙
「幸福実現NEWS」

幸福実現党 党員募集中

あなたも幸福を実現する政治に参画しませんか。

○ 幸福実現党の理念と綱領、政策に賛同する18歳以上の方なら、どなたでも党員になることができます。

○ 党員の期間は、党費（年額 一般党員5千円、学生党員2千円）を入金された日から1年間となります。

党員になると

党員限定の機関紙が送付されます。（学生党員の方にはメールにてお送りします）

申込書は、下記、幸福実現党公式サイトでダウンロードできます。

住所：〒107-0052
東京都港区赤坂2-10-8 6階
幸福実現党本部

TEL 03-6441-0754
FAX 03-6441-0764
公式サイト hr-party.jp
若者向け政治サイト truthyouth.jp

入会のご案内

あなたも、幸福の科学に集い、ほんとうの幸福を見つけてみませんか？

幸福の科学では、大川隆法総裁が説く仏法真理をもとに、「どうすれば幸福になれるのか、また、他の人を幸福にできるのか」を学び、実践しています。

入会

大川隆法総裁の教えを信じ、学ぼうとする方なら、どなたでも入会できます。入会された方には、『入会版「正心法語」』が授与されます。（入会の奉納は1,000円目安です）

ネットでも**入会**できます。詳しくは、下記URLへ。
happy-science.jp/joinus

三帰《さんき》誓願《せいがん》

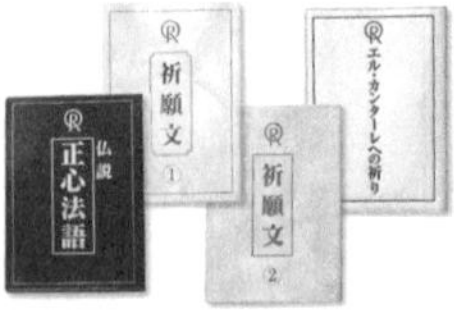

仏弟子としてさらに信仰を深めたい方は、仏・法・僧の三宝への帰依を誓う「三帰誓願式」を受けることができます。三帰誓願者には、『仏説・正心法語』『祈願文①』『祈願文②』『エル・カンターレへの祈り』が授与されます。

植福《しょくふく》の会

植福は、ユートピア建設のために、自分の富を差し出す尊い布施の行為です。布施の機会として、毎月1口1,000円からお申込みいただける、「植福の会」がございます。

ご希望の方には、幸福の科学の小冊子（毎月1回）をお送りいたします。詳しくは、下記の電話番号までお問い合わせください。

月刊「幸福の科学」

ザ・伝道

ヤング・ブッダ

ヘルメス・エンゼルズ

INFORMATION	**幸福の科学サービスセンター** **TEL. 03-5793-1727**（受付時間 火〜金：10〜20時／土・日・祝日：10〜18時） 幸福の科学 公式サイト **happy-science.jp**